我在成都做手艺

蓉漂／著

孔學堂書局

图书在版编目（CIP）数据

我在成都做手艺 / 蓉漂著． -- 贵阳：孔学堂书局，2020.11

ISBN 978-7-80770-214-6

Ⅰ．①我… Ⅱ．①蓉… Ⅲ．①手工业者－介绍－成都－现代 Ⅳ．① K828.1

中国版本图书馆 CIP 数据核字（2020）第 143173 号

我在成都做手艺　蓉漂 著
WO ZAI CHENGDU ZUO SHOUYI

出 品 人：邓国超　　李　筑
内容协作：考拉看看　书服家
责任编辑：黄　艳　　胡　馨
排版设计：云何视觉
责任印刷：张　莹

出　　品：贵州日报当代融媒体集团
出版发行：孔学堂书局
地　　址：贵阳市云岩区宝山北路 372 号
　　　　　贵阳市花溪区孔学堂中华文化国际研修园 1 号楼
印　　制：鑫艺佳利（天津）印刷有限公司
开　　本：787mm×1092mm　1/16
字　　数：200 千字
印　　张：15.5
版　　次：2020 年 11 月第 1 版
印　　次：2020 年 11 月第 1 次
书　　号：ISBN 978-7-80770-214-6
定　　价：78.00 元

版权所有·翻印必究

序言

从记录手艺到传承匠人精神

三四十年前，中国农村的每位母亲大多都有一门手艺——做鞋。

从竹林里捡来完整的竹笋壳，掸去灰尘，刷掉笋壳毛，用剪刀剪出鞋底的模样。碎布边角料拼在一起，一层接一层摞起来，竹笋壳放在布中间，布匹也做出鞋底状，然后摞厚厚一层，一针一线与笋壳紧密缝制，这就是布鞋的千层底。

鞋帮先是用废报纸或废弃的旧书画出轮廓，剪模，然后里外与布一道，剪成鞋背模样。刷子上沾染大米熬出的糨糊，分别粘上一层布，将纸与布层层粘合，就是鞋帮的里子和面子。

慢慢地，在母亲精巧的手艺和孩子们期盼的眼神中，一双崭新的布鞋诞生了。

如今，视线中再难出现母亲们纳鞋底的场景。或许做鞋的手艺在岁月里逐渐变成了记忆，手艺人的身影，似乎也成了奢侈品。

技术进步社会进步正在取代诸多手艺的同时，那些留存在儿时记忆中更多的手艺，也都渐渐悄无声息。

一方面使得越来越多的手艺成为非物质文化遗产，但另一面也体现了传统手艺的式微。

时间蔓延，万代千年，以农业文明为主体的中国社会运转了数千年。而作为自然经济与农耕社会的产物，手艺的历史更是源远流长，并为中华文明添上了浓墨重彩的一笔。

现在是工业和数字文明飞速发展的年代，人民生活水平日益提高的同时，手工艺也面临着迭代升级。而无论是手工时代还是数字时代，亘古不变的是追求精益求精的美好品质和持守匠人精神。

如何挽救已处在边缘化的手艺？如何留住手艺的这份美好？如何保持手艺的温度？记录便成了一项迫在眉睫的工作。对手艺和手艺人的关注和记录，是我们打开国家历史的另一扇门。

记录手艺就是记录历史。记录历史，不是局限于过往止步不前，是留存时代的印记，更是传承和发扬匠人精神。

自古以来，中国便有记录历史的习惯。无论《诗经》记载民间音乐与民间风俗，抑或《史记》记载历朝历代事宜，延绵不绝的中华文明就在文字中流传。今天，记录手艺亦是如此。记录手艺，并不仅仅是对手艺的记录描写，在记录中，我们看到，手艺迭代，精神传承。

《留住手艺》的作者盐野米松曾说："匠工的工作之伟大，之有趣，反映在他们的手艺上、人品中和他们的言谈举止里。"因此，文字记录的不仅是一种文化形态，一门手艺的技巧、工序，还是手艺人的精神与世界观，是寄寓在非物质文化遗产中宝贵的人类智慧和血脉。它不疾不徐，有着独守初心的品格，更是为今天愈显急功近利的社会打下的一针定心剂。

岁月流淌，年代轮转，不断地追求幸福美好的生活，是永恒的主题。全面小康实现之际，人民生活水平日益提高的今天，人们的精神生活追求，已上升到另一个阶段。通过追寻、记录手艺之美与匠人之魂，以满足我们日益增长的对美好生活的追求，不失为传承历史的一种方式。尤其是，作为非物质文化遗产的手工艺，代表的不只是怀旧的内容，更是与未来密切相关的文明传承。

此外，手艺不是无根之水，它与生活紧密相连。

手艺也不能被束之高阁，它与日常生活息息相关。如何创新手艺的保护与传承，如何推进传统手艺的传播与推广，这不仅是非物质文化遗产保护中心的责任，更需要每一个人的努力。

《我在成都做手艺》的出版，正是如此。作为一部具有成都的城市文化印记的著作，本书集聚了20种传统手艺，集合了数位作者与摄影师的努力，终成一部书籍。值得一提的是，本书运用新老对比，通过新旧传承方式挖掘手艺人工艺背后的传承故事，在披露手艺人真实生活的同时，也重现了旧时成都大街小巷的民间手艺风物风景。

九天开出一成都，万户千门入画图。古蜀文明孕育出的活力，造就了这座城市古往今来的繁盛手艺。

无论千年银花一丝一线，漆器清澈明亮如镜，抑或蜀绣一朵花开蓉城，经纬蜀锦织出锦官，手艺从来青睐这"一年而所居成聚，二年成邑，三年成都"之处。

这不是手艺历史的终结，更不是手艺人时代的终结。经由手艺的记录，传承匠人匠心精神。

物质文明高度发达的今天，以手工艺为代表的生活美学、匠人精神将依然为时代所需。这不仅是古老文明的延续，更是连接未来的钥匙。

最后，感谢创作团队考拉看看、蓉漂，四年时间追寻记录手艺，他们也如匠人一般执守初心。

陈建春

二〇一九年十二月于成都

前 言
手艺的美好

成都这个城市极其迷人，尤其是秋天这个季节，银杏的叶子准备黄了，又有微风拂面。这个城市的手艺此时最为有趣，亦最能表达它的极致。

很多人都对这个时代寄予厚望，很多人都把这个城市看作故乡。

关于成都，手艺是它的若干年轮，我们都在转时间的经，寻造物的美。

故乡是家，也是手艺的栖息地。

全世界都在寻找人文新的发展方向，美好，是我们的方向，生生不息。

此时，我们的坐标在哪里？

关于成都，脸谱斑斓，内涵深远，标签很多，我们选了手艺。

若走过车马往来的浣花北路，送仙桥的古玩市场是不得不逛的去处。手艺人皆在此处云集。瓷胎竹编或是树皮画，经纬交错或是笔墨山水，总能寻到老成都代代相传的一段手艺趣事。

若掉转方向往东边走，在草市街边上驻足停留，文殊坊的石板小道上，千年银花丝将成都人的细腻表现得淋漓尽致。抬眼再看看周遭，如琢如磨的一件漆器，好似川人温润如玉的习性。

如此物件，如此去处，成都还有很多。

余秋雨在《文化苦旅》中说，中华文明中所有的一切，成都都不缺少。它远离东南远离大海，很少耗散什么，只知紧紧汇聚，过着浓浓的日子，富足而安逸。

见微可知著，见端能知末。时间给了我们这座古城悠然闲适至今的答案，但我们仍需在历史之树上截取年轮几圈，在纹路细微处，看老手艺绕过春夏，缠过秋冬，在包容与接纳中历经时间的洪流，传承至今。

很长一段时间，手艺是我们生活的半径。仰望星空，脚踏实地，没有人不是因手与艺，构成生活的经纬。

中国是一个文明古国，成都是一座深度之城，是手艺让我们变得更强大。你看见手艺里的全球化了吗？

世界很大，我们很小，一天24个小时，打开双手，便有生计。

曾读过一段话，说成都匠人如散仙。散，带三分舒适，两分放达。仙，融一点飘然，三点超凡。散仙，是极有味的词语，表达出成都匠人独有的特质。

他们一边在经世不衰的幽默里，串一味麻辣肆意潇洒；一边在逍遥自在中，凭一门手艺混迹民间。他们大隐隐于世,既在市井街头、人声鼎沸处显山露水,又一溜烟进了茶馆,对着台上变脸的师傅拍手叫好。

台上台下,谁又不是手艺人呢?日复一日,枯坐独练,岁月寂寞而热闹。手艺人,是一个人,也是万千人,是一颗心的执着,也是一群人的坚守。

来来往往很多人,既迷茫又活跃;人生里外很多事,看似各扫门前雪,实则大家同在一根藤。这像极成都的手艺,有的红了,有的黄了,有的掉了,这是世界的进化吗?我认为是。

这个时候,只怕你把手艺看浅了,成为一个奔波生计的人;这个时候,只怕你把手艺低估了,只看了深厚累积的表面。

如果你看到的足够深,小小的身体就有大大的能量。

有时你不眼见,一定不相信,一块银锭,怎么会是轻盈的蝴蝶;几根丝线,如何成为水下的游鱼;一只抄手,如何注入四十年的时光;还有一件旗袍,如何与身体那么贴近。你看成都的手艺,妙,不可言。我说成都的手艺,极美的赞叹也比不上它的惊艳。如何生长,交给时光。

此刻,你的坐标在哪里?

我在成都的手艺里,你在我的手艺里,打开这本书,这是一份成都手艺的年轮。

你看到的所有,一定只是世界的局部,我这里说的手艺,可能只是荒石公园的标本,可能只是铜壶的叮当敲打声，可能只是漆器里的一抹，可能只是竹编上的一丝……我想说的手艺，是可以让你穿越时间，是可以让你看到美，是可以让你找到确定。

我关注的手艺，是夜空里的星星，即使有时它掉了，我相信它会出现在另一个平行世界。

此刻，应该为此而幸福，那么多手艺，在这本书里。我们不应把手艺低估了，我们不应把手艺看浅了。

米南德说过，人在生活中遇到不幸，没有什么比一门技艺会给人更好的安慰，因为当他一心钻研那门技艺时，船已不知不觉越过了重重危难。

《我在成都做手艺》作品集群策划中心
"蓉漂"团队、"考拉看看"团队和"书服家"团队
二〇二〇年九月

CONTENTS 目 录

食器之美

土与火之歌中，烧一窑惊喜
传统柴烧守护者　火痕工坊　// 2

三万锤，敲出一把壶
成都"一把壶"　李小毛　// 12

明如镜，清如油，漆器照见美人头
成都漆艺传承人　王俊林　// 22

丝丝竹编绕瓷胎，倾尽手艺心
瓷胎竹编传承人　谭代明　// 32

经纬之上

裁衣裁心裁岁月
旗袍大师　罗三裁　// 44

刺绣又一针，花开芙蓉城
蜀绣传承人　赵崇延　// 58

织机出经纬，手上现风景
蜀锦手艺人　胡光俊　// 68

柔韧如发，编出成都千年味
银花丝传承人　道安　// 80

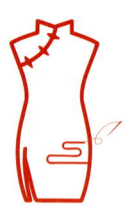

笔画时光

从写作到出版，用内容打开新世界
职业写作人、出版人　考拉看看 // 92

"刀光剑影"堆花簇，游戏画间抹金沙
堆画手艺人　Matt（加拿大）// 110

铜勺为笔，糖汁作画
糖画传承人　陈启林 // 120

懂得生活，再懂得设计
空间设计大师　欧阳杰 // 130

方寸之间

剪窗花，暖万家
剪纸手艺人　龙玲 // 142

山海之间的微观缩影
川派盆景大师　陈志贵 // 152

小蛋壳大世界
蛋壳画传承人　陶荣 // 162

蓝染一抹天空色
蓝染传承人　青黛染坊 // 174

风物人间

尽欢哪能缺茶香
茶艺掌门人　素池茶室　// 186

树蓓巷里的成都小食
抄手手艺大师　翟大爷　// 196

月琴优美，曲调悠扬
清音传承人　龚素清　// 206

植物留下的时光印记
标本手艺人　荒石公园　// 216

后　记　// 225

附　录　// 227

食器之美

一食一器皆热爱,一饮一啜皆风华

土与火之歌中，
烧一窑惊喜

传统柴烧守护者　火痕工坊

古有凤凰涅槃，浴火重生，今有泥火缠绵羽化成瓷。只见窑洞中火光通明，一根根松枝被劈裂后放入灶内，火舌迅速卷起松枝，吞没成灰。拉好的泥胚经过高温裸烧，逐渐显出成釉后的风华。廖天浪看着被火光映得通透非常的器物，被热得通红的脸上不禁露出了一抹开心的笑容。他说：「器物之美让生活变得艺术，而柴烧则是器物艺术中的重要分支。」

◎ 从古走来的柴窑

人类文明史上，陶器出现得极早。火是大自然的艺术，泥土则是大自然的馈赠。在新石器时代，人们就发现，火种与泥土相遇能够改变泥土的性质，让它变得坚硬，从而得到一种新器物：陶器。

陶制器物与生活息息相关，十分受人欢迎。因此，陶瓷的发展与人类文明的发展有着密不可分的关系。古人烧制陶器时，为追求器物的完美无瑕，常用匣钵罩住瓷胎，将木灰与火隔离开，避免了陶器与灰尘的接触，陶器的釉色面貌得以保持一致。如今廖天浪所追求的"火痕柴烧"效果则与之相反，这是受到现代审美的影响。

凡是利用薪柴为燃料烧成的陶瓷制品，都可称之为柴烧。柴烧起源于中国古代，这

/ 柴烧专用陶土经陶艺师自行调配，追求一种敦厚的美感 /

/ 明月村的工坊改造自老居民楼 /

种烧制方法是利用木材作为烧窑最主要的燃料。上等松木燃烧所产生的灰烬和火焰直接窜入窑内，形成独有的松烟。烟富含碳素，加上窑内的落灰自然依附在坯体之上，形成光润温泽、层次丰富的天然灰釉，依附在器物上。一种质朴、浑厚、古拙的美油然而生，这正是柴烧陶艺家们为它痴迷并耗尽心血投入其中的原因所在。在现代，柴烧陶瓷更注重自然。在烧制作品时，人们尽量让木灰烬与泥土达到自然结合，这样，烧成的器物所产生的"瑕疵"才会与思想接轨。

追求自然美的廖天浪会避免使用匣钵，利用木灰烬在釉面上落灰或火苗接触到胎体的偶然性行为，达到真正的"火痕"的效果。在廖天浪看来，柴烧是一种低调的传统手工艺术，是人与窑贴近交流后的情感对话，是火与土携手共舞的能量释放。这种方法更加倾向于柴烧过程观念的重塑，更像是人性对自由的追求。

这有悖于古代社会正统的制瓷标准，但其偶然性却充满了美学的魅力。当代的陶瓷

/ 用古法技艺打造的美器，更是一种生活雕琢的艺术 /

雕塑创作者们，关注的点并非集中在确定的造型和设计的装饰上，而更多在于窑炉烧制时的气氛、陶土的品类，以及作为燃料的木柴品种、烧成的时间、温度的控制等对一件作品最终形态的影响因素上。作品的细节也因这些原因呈现出偶然性的特征，也因这些细节呈现出作品的独特风格。这种风格也许不会立刻惊艳世人，但随着时间沉淀，它会展示出一种质朴耐看的独特风姿。它是大自然的馈赠，和大自然一样平和自然、内敛低调；它是国风雅士的生活态度，就像古代名士一般淡泊明志、宁静致远。

◎选择明月村创业

廖天浪在设计圈里濡染多年，常年担任茶叶的品牌顾问，在年年岁岁中，与各类茶器结下了不解之缘，也因此对烧制器物的方法尤为感兴趣。

/ 完成的柴烧 /

直到 2013 年，他偶然间接触到台湾的柴烧传统艺术。

最初见到柴烧作品时，那粗犷自然的质感、朴拙敦厚的色泽、深沉内敛的造型把廖天浪的视线牢牢地吸引住，让他再也移不开眼。国人对陶瓷器物的喜爱就如柴窑中那不曾间断的薪火代代相承。纵观上下五千年华夏文明，器物的发展史描绘出一幅中华文化发展的历史图卷。从最开始的石器，到陶器、青铜器，再到瓷器，随着漫长时光的演变，人们不断调整器物的呈现风格。不同的造型，别样的色彩，都在诉说着那个时代的人们对器物独有的审美。

"当前，器物的功能属性逐渐弱化，而审美属性逐渐增强。"作为器物的痴迷者，廖天浪坦言："器物之美让生活变得艺术，而柴烧则是器物艺术中的重要分支。"出于对器物之美的追求，对生活艺术的探索，和对柴烧品格的向往，廖天浪花了三年时间，一边接触柴烧工艺知识，一边创立了"火痕工坊"。

2016 年，他来到了蒲江明月村，"火痕工坊"也一起搬了过来。明月村曾是隋唐茶马古道和南方丝绸之路上的皈宁驿站，这里充满着诗情画意。目前，四川唯一一座"活着的邛窑"就在明月村，其烧制工艺完整保存了唐代技艺，十分珍贵。由于地理的特殊性，廖天浪决定将工坊落在明月村的一处静谧茶田之上。工坊改造自老居民楼，原本破旧的房屋被改造后，成为柴烧最坚实的堡垒。

作为第一批受益者廖天浪感慨道，明月村是一个柴烧技艺践行者的理想之地，更是艺术在现代延续的完美载体。在廖天浪的未来规划中，他和他的"火痕工坊"将继续扎根明月村，用古法技艺打造文创美器，为传播明月村生活美学贡献一份力量。

◎柴烧艺术的偶然

柴烧工艺十分讲究，柴烧专用陶土经陶艺师自行调配，考量的是陶土耐热温度、柴窑

/ 柴烧盘子 /

属性、薪柴种类等，追求的是能让土产生一种敦厚、内敛的美感。

柴烧始于陶土的揉制。在不同的原料配比下，陶土显现出青草蓝天、山花烂漫，黑夜星空，初雪纯白……柴烧的木柴需要精心准备，一般以樟木、松木等为主。木柴需要在干燥通风的环境中放置六个月，以便干燥后能够充分燃烧。仅以木柴燃烧提供热能，一般烧窑需三至五天，期间不停顿，轮班投柴。加柴的速度和方式、木柴的类别、天气状况、空气的进流量等因素都会影响窑内器物的色泽变化。柴窑烧陶时，完全燃烧的灰烬极轻，随着热气飘散。当温度高达 1300 ℃时，木灰熔融，木灰中的铁与陶土中的铁形成釉，呈现出不同的色彩变化。

廖天浪希望烧出的陶瓷能够达到自己心仪的效果。虽然柴烧作品的呈现效果可以通过配土来调节，但最终还要靠上天的恩赐。自然落灰釉是柴烧作品不可或缺的部分，它把柴烧作品点缀成独一无二的艺术品。器物的器型可以被重复或者仿冒，在器物上自然落灰釉的效果却再不可复制。

/ 手作天青花插 /

廖天浪对矿石与土壤的机理有独到见解。薪柴在窑内充分燃烧后,一些柴木落灰跟着火流进入窑室,不规律地附着在瓷器上。当温度达到 800 ℃以上时,落灰开始熔融,发生釉变。当温度达到 1250 ℃以上时,瓷土或者陶土里的金属元素也会发生化学反应,进而与落灰熔融的釉结合,发生第二次釉变,形成带有金属性质的釉面效果。

因此,自然落灰釉不只是木柴落灰形成的釉,还是陶土中金属矿物质发生化学反应后的综合性产物。火舌舔舐过的痕迹烙印在器物之上,温暖又实在。熔化或未熔化的木灰,在器物表面形成平滑或略带粗糙的质感,层次丰富,粗犷有力。

富含铁质的陶土以及长石、石英在高温下与窑火的碰撞,才会形成柴烧独有的火痕效果。其柴烧釉色集古代青瓷釉色之大成,又充分吸收始于唐代、盛于五代秘色瓷的精华,沉稳宁静幽艳晶润,它集千峰翠色于一身,达到了古代青釉发色的最高境界,并随光线及温度和湿度的不同而变化。

柴窑烧出来的器物中，会用温度真实地还原燃烧所释放的能量，并具象在一个个陶艺作品上。在践行传统柴烧技艺的道路上有很多人，廖天浪就是其中之一。他对自己的定义是"柴烧守护者"。作为传统柴烧的守护者，廖天浪创立"火痕工坊"，以敬畏之情坚持初心，打造以柴烧为核心的文创品牌，传播生活美学。

"人文和艺术的共生，让柴烧技艺得以在明月村生根发芽。"作为明月村的"新村民"，廖天浪对柴烧艺术的未来充满信心。从今年开始，他将踏上新的征途！

三万锤，
敲出一把壶

成都"一把壶" 李小毛

几乎每天,"叮叮当当"的声音都会从罗家村一间不大的旧厂房传出。超过十年的时间里,李小毛一直在这里敲敲打打。他曾经数过,一块铜皮到一把铜壶之间,大概需要敲三万锤。其中任何一锤的力道稍显偏离,铜皮裂口,则前功尽弃。这是一个等待浴火重生的过程,每一次敲击的轻重缓急之间,就能决定一把壶的成败。他有足够的自信说出这样一句话:"我的壶绝对独一无二。"

◎独一无二的铜壶

62岁的李小毛在成都做了十几年铜壶,总计却不过几十把。在将近以年为计量单位做一把壶的基础上,他有足够的自信说出这样一句话:"我的壶绝对独一无二。"

在铜壶制作上,他几乎走出了一条前所未见的路。长久以来,在人们的认知中,铜壶的颜色永远只有那几个。但却很少有人知道,从新铜到氧化成黑铜之间色彩的变化无穷无尽。铜氧化生锈的过程里,每种色彩变化维持的时间通常不长,所以铜壶这样神秘的一面几乎只在打铜匠眼里短暂出现过。

不同的是,李小毛把转瞬即逝的色彩,永久地保留在了壶身。宝蓝色、深紫色的外表,抑或古旧绸缎式的质感,都给人以直接的错觉——这几乎不像一把铜壶。当人

/ 李小毛在成都做铜壶十几年，总计不过几十把，但他是响当当的"成都一把壶" /

们带着疑惑的神情看着他时，他常会笑着说："秘密就藏在我的配方里。"就像药方一样，不同药材的组合会有不同的效果，金属着色的配方也不例外。李小毛买了不少金属着色书籍研究，在偶然的成功中寻找规律，找出原料温度、比例和调制温度之间恰到好处的取值，然后一一记录，这才有了如今上百个配方。或冷艳、或古朴多变的颜色，在壶面上釉，使得铜壶犹如瓷器一般，透出丝丝温润。与此同时，他这一手近四十年的冷锻手艺又恰能与色彩相得益彰。

几把钉锤敲出壶身万般景致，或是田园牧歌，或是寒梅独盛。他以整块铜皮敲出一把壶，壶嘴壶身无缝衔接，浑然天成。画家以笔作画，陶艺师以泥塑型，李小毛则说："我不过是用了钉锤而已。"距今已有超过十年的时间里，李小毛留在罗家村那间不大的厂房里一门心思做壶。

原始而质朴的手工活儿旷日持久，急不得一丁点儿。他就慢悠悠地留给每一把壶半年或者一年的时间。他的厂房里有一面墙的工具，多为各式各样的钉锤。通常一把壶，至少要配备四五把锤子。做一把壶之前，他有大半时间都耗在工具制作上。在敲敲匠的行当里有一句老话，"技术好不好，就看钉锤多不多"。壶身方寸间千变万化的造型，都来自几把钉锤。李小毛总是在每天早上，架着自己的面包车拐进村子里的厂房。铜壶烧上一壶水，泡上一杯茶，心情和状态恰到好处时，他的一天就在叮咚的敲打声中度过。壶做得久了，他就越发像一位种地的农户，日出而作、日落而息，在铜壶的这片地上耕耘。

◎冥冥之中结缘铜壶

其实在 2005 年之前，李小毛所有的"折腾"并不能和铜壶产生直接联系。李小毛出生在成都，家中父母是文艺工作者，儿时家庭条件不错。不过他自幼顽皮，不爱上学。14 岁那年，他在眼镜生产组跟随一位八级技工师傅学机械修理，18 岁又在成都东风汽车修理厂学习敲补，还跟着师傅一锤锤敲出了一辆纯手工锦江牌 630 型

/ 制作铜壶需要的工具众多，非仅有敲敲打打之功，还包括各项技艺 /

旅行汽车。1983 年，因一个偶然机会，他被叫去望江公园帮忙修复雕塑。那是一个羊头雕塑修复工作，他琢磨了半天，最后对着雕塑老师的黄泥模子，竟然敲出了一模一样的铁皮羊头。

临摹天赋就在此时被挖掘了出来。不久后他回厂辞职，一心一意要跟着老师学雕塑。那时父母被气得差点和他断绝关系。但吵也吵了，闹也闹了，父母最后也犟不过他。不过，学习雕塑带来的成效是显而易见的。直到现在，每做一把铜壶，他也依旧会用黄泥塑形，捏出一把泥壶，再按照一比一的比例敲出铜壶。几十年后他才发现，所谓临摹天赋，其实是他在平时修车的敲敲打打中练出的手艺。那时汽车表壳坏了，他就比对着完好的车壳，再敲一个补上去。十年时间，不知不觉间他也磨出了一门手艺。

雕塑做的时间长了，总会出现各种问题，要么丑了，要么坏了，因此需要想各种办法

/ 铜皮经过上万次的锤炼，形成铜壶最初模样 /

来修复维持雕塑的美观。当时李小毛给自己定了一个规矩，手上的钱要拿出 10% 用来买书。书海无穷，鎏金、錾、刻、乌铜走银，都是这时候他在书中学到的技能。没钱的时候，他就去磨子桥一条街的修车铺找修车活儿干，有时也卖鱼卖菜。当他有点积蓄时，就又回到家里"捏泥巴"。人物、动物，眼里看见的是什么模样，他都能用手捏出来一样的，不过他也发现了问题：自己临摹能力很强，却缺乏创作能力。

再后来他得了空去做生意，也接雕塑活儿。当钱财逐渐不再是生活中的难题时，他年纪也慢慢大了。

他只是遗憾，"我学了一身的手艺，每次和别人讲，又拿不出东西证明，总不可能把红牌楼搬过来说我做了哪块吧？"刚开始他琢磨了很久也不知道做什么。直到有一次，他偶然看到电视节目中提到日本铁壶，这才起了做壶的念头。以铜做壶，存在于他脑海里久远的儿时记忆中。那时老虎灶上被烧得黑黢黢的铜壶，泡出来的一

/ 铜壶制作步骤演示架 /

杯茶好似更能锁住茶香。李小毛觉得自己得做一把与众不同的壶，让没见过的人开开眼。壶小而精，既可以"显摆我的技术"，还可以让人知道成都也有"一把壶"。2005年，最初做壶不过是因为"显摆"的李小毛，却从此一门心思沉了进去，管他春夏与秋冬。

◎一把壶的一生

那时做的第一把铜壶还在家里放着，一个个透明水泡在铜壶里扑腾了十几年，至今也依旧在翻滚，那是他初次敲打铜壶碰撞出来的金属火花。他想用一张铜皮直接打造出紫砂壶那样丰富的造型，将他毕生本领融于一把小小的壶身，既有深浅浮雕，又有乌铜走银、錾刻、鎏金。最初的思考都是在泥塑上进行。

黄泥捏出模子，确定壶身高矮、尺寸与外表细节，根据细节考虑壶嘴高度、水流冲力、水流流畅度。铜壶是日用之器，集实用与美观于一身，方可称之为一把壶。李小毛做壶，讲究周正，就像做人一样。每把壶上都会烙下"李小毛制"，这四个字就是招牌。只有过得了自己那关的壶，他才会拿出来见人。不成器的壶，宁肯敲烂。

各式钉锤需要根据泥塑外形进行制作，外表若是梅花桩式的树皮模样，则需要做出各种不规则矩形状的钉锤，方可一锤锤敲出树桩质感。老话说，锻壶之道，意在顶嘴。各式的壶配备各式的顶嘴，都需要李小毛一个个锻造而成。一把素铜壶被锻造出来后，再进行精细敲打。如"乱打"敲出一把梅花桩，"流畅"敲出一把金瓜壶身的藤蔓线条，甚至在壶嘴上也能敲出枝叶包裹的模样。一张铜皮敲出一把整体壶，壶嘴壶身之间浑然天成，还带有万般变化，配上鎏金等技艺，又给人视觉上"壶是壶，花是花"的错觉。

最后再在铜壶表面上色镀釉。将它"刻画"成如瓷器一般，是李小毛最引以为傲的一件事。近十年时间，他都在琢磨铜壶的色彩变化。在一次次尝试中，终于有一天，成了。

/ 铜壶套装 /

于是李小毛再做其他配方，越发顺遂起来。目前为止，他手上有上百个配方，最大程度减少了随机性，使得每一个颜色都可以复制。敲一把铜壶用来煮水，李小毛在乎它的实用性。于是他在提梁处又加上了自己的独特设计，做钩连接壶身与提梁，使双方接触面积极小，弱化传热效果。

他的铜壶放普通的电磁炉、电陶炉上烧水，可以直接用手提。"天然气灶不行哦。"他补充说道，电磁炉烧水的温度是很均匀的，加上我的独特设计，不会致使提梁过热。3万元锤敲出一把壶，李小毛曾经大致数过。敲到一定程度，铜皮会产生自硬性，退火后方可重新敲打。每一次敲击都是在和时间赛跑，他需要在最佳时间，抢占先机敲下最合适的那一锤，几乎步步为营。

李小毛也敲坏了不少铜皮，因铜的特殊性质，一旦不慎将其打穿，整块铜都无法再用。锤纹大概是手工壶最明显的特性。如何确定壶是全手工？李小毛拿起一把壶演示，一看壶身内部与壶嘴无接痕，二看壶底要带锤纹，三看壶口铜皮有内扣敲击的痕迹，四看壶口与壶盖之间的契合度要偏灵活。这些年敲出几十把壶，李小毛极少售卖。最贵的是 3 万元一把的金瓜壶，他前后敲了一年多，然而"极其耗费心力，也不愿意再做第二把了"。

他把这门手艺传给了女儿，也想有更多人能将它传承下去。然而单是敲打一把壶都需要好些年的基本功，现在年轻人很难有耐心坚持，他也没了收徒弟的心思。不过他琢磨出了一个新方向，将铜壶制作工艺拆分成几个板块，形成类似流水线的制作方式，每人只需学习其中一个步骤即可。

李小毛说，他不是非物质文化遗产传承人，但却在做类似非遗的事情。他摸了摸头上拴着的鹅黄色花头巾，然后用一口标准的四川话说道："我要做一流的铜壶，我要用我的方式告诉你，成都有一把铜壶。这里面，装的是成都人的脾气。"

明如镜，清如油，
漆器照见美人头

成都漆艺传承人　王俊林

器物是不会骗人的。一层生漆一道打磨，循环往复周而复始，亮锃锃的漆面可以折射出手艺人的用心程度。人们或许不会留意，一件漆器在漆艺人手里会经过几十甚至上百道繁复工序，而手艺人则会在时光里慢慢等待好物出炉。近三十年的漆艺路，王俊林是耐得住寂寞的人。从十九岁的小姑娘到如今年华老去，她始终浸润在大漆的气质里，越发痴迷。

◎ 在慢时光里守一件好物

王俊林的漆器工作室在肖家河的老院子里。把人声鼎沸的菜市场一条街甩在身后，拐进二胡声充盈的老树路段，一直往里走进小区大门，爬两层楼梯就见到了她的漆器基地。

老房子的客厅改造成了陈列室。白墙钉上黄木格子，内置红漆双鱼杯、螺钿镶嵌红手镯、黑漆茶罐。各类日用之器，琳琅满目。另有房屋两间，分门别类置放漆器制作物品。推开右侧小屋，一股温厚的乳酸味扑鼻而来，那是天然生漆的味道。盛夏三伏天，正是漆农上山采漆的最好时机。漆树上割一道口子，生漆顺流而下，收集到一起便可以卖给漆艺匠人。去山间漆农处买漆，回来静置一两月，生漆便

/ 成都漆艺传承自千年前，至今仍受人们深爱 /

会分为上中下三层。通常最上层通透明亮的油面做透明漆，中层制黑漆，下层杂质略多常用于填补原木胎底缝隙。

王俊林会提前备好来年需要的生漆。一桶二三十斤，价格高昂，被她小心翼翼地用旧报纸封住桶口。天然生漆呈乳白色，一旦长时间与空气接触，便会结痂硬化成黑块，因此漆艺人最宝贝的便是这明亮如油的生漆，漆艺之间，漆是基础。漆艺匠人从漆农手上购买漆后，还需要以纱布过滤，加工。过滤杂质后的生漆表面平滑干净如一面镜子，轻轻挑动漆料呈现弹动状态，因而在手艺人间常有一句话说，"明如镜，清如油，扯起钓鱼钩，照见美人头"。

成都漆艺以天然生漆为原料，这门传承自古蜀时期的古老技法，至今仍然在成都平原乃至整个中国焕发着活力。

作为成都漆艺传承人，王俊林在这一门古老的手艺中研习了大半辈子。坐在窗前木桌旁，一根藏青色围裙系上身，王俊林一天的工作就此开始。工作室的桌上堆满了各类工具：雕刀、刻刀、砂纸，甚至还有香油瓶子里养着的毛刷子。毛刷是用头发做的，十多厘米长，先刷上生漆压扁，最后用木块封装固定成一把实心刷。就像削铅笔一样，刷头磨光了，还可继续往后削。王俊林年轻时在成都漆器厂，女孩子们都爱留着长发做毛刷。那时候厂里的老师傅说，一把刷子，用一辈子都行。香油瓶里的毛刷，已经有一二十年的历史，陪伴着王俊林从少年到中年，作用依旧如初。

大漆的气质温柔谦厚，带着东方的含蓄婉转。年近五旬的王俊林，常年浸泡在大漆里，气质也逐渐向大漆靠拢。细看她的双手，指甲缝里沾满黑色漆灰，属于漆艺人的印记在她手上显露无遗。与漆日复一日、周而复始的相处中，她早就摸清了漆的脾性。

若做透明漆，要二十多天不断搅拌将生漆"炼熟"，等到盛夏高温，晒几日太阳便成了半透明的模样。做漆器是一件磨性子的事情。王俊林回忆起老厂长曲贵龙当年

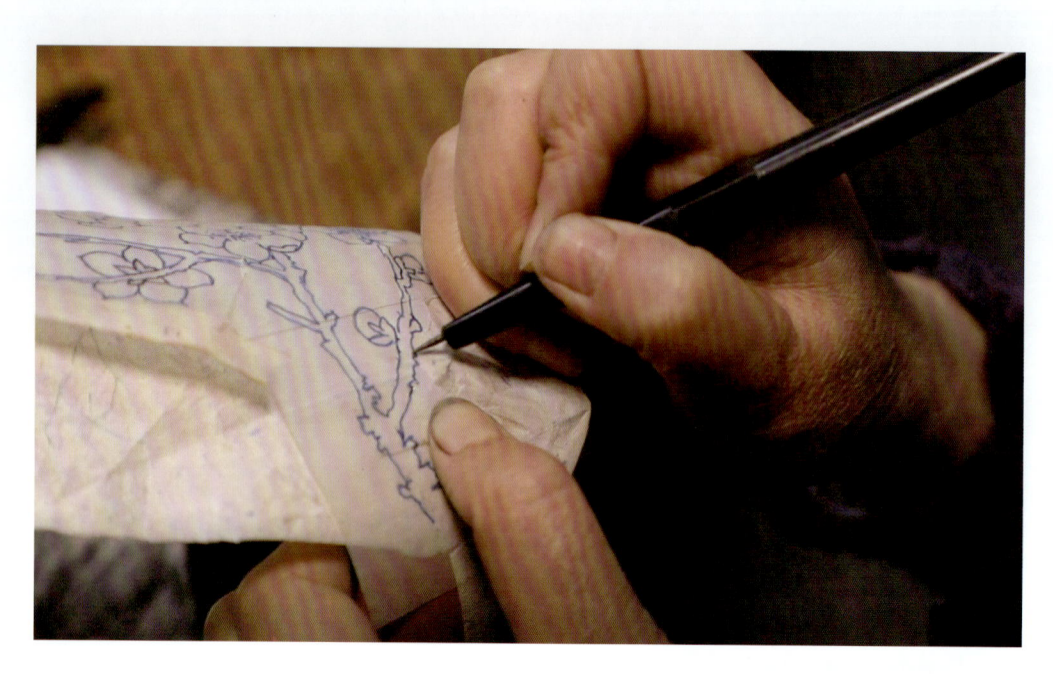

/ 漆器手艺人喜欢做尝试，艺术想象先从造型设计开始 /

的话："急性子磨成慢性子，慢性子磨成'死皮'。"老房子宁静悠远，二胡声从窗外飘进，漆艺人漫长的时间里都在慢慢地磨，磨漆器，磨时光，把时间"浪费"在等待上。

慢，的确是漆器最明显的特质。细细算来，王俊林一年只出几十件漆器。因漆器工序繁复，一层生漆一道打磨，其间还需缓慢等待阴干，急不得分毫。

原木胎底刷上一层生漆，在杯口杯底处裹上一层棉麻或夏布，增强木胎强度和稳固度。继续上漆，待漆器在阴房阴干后，方可以砂纸打磨。木胎经历"三灰三磨"，砂纸精度由粗至细，水磨之后，胎底逐渐出落成水灵的模样。自古以来，中国漆器有山西平遥推光漆器、成都银片罩花漆器、安徽屯溪犀皮漆器、台湾南投黑髹漆器等。成都漆器兴盛，与四川盆地得天独厚的地理自然环境有着密不可分的联系。中国漆树分布广泛，大体在北纬25°～42°、东经95°～125°之间的山区，而四川恰巧具备漆树生长条件。《华阳国志·蜀志》曾有记载，蜀有"桑、漆、麻、纻之饶"，

/ 雕锡丝光器 /

以显蜀地盛产漆树。

传统漆器在蜀地延续年岁久远。漆器发端于殷商,成熟于战国,兴盛于秦汉。在长年累月延绵不断地发展历程里,成都漆器形成有雕、嵌、描、绘、推、贴几大装饰技法。常听闻手艺人提起雕花填彩、雕填影花、雕锡丝光等技艺,说的也正是做漆器的技法。

作为久负盛名的传统手艺,成都漆器依旧在蜀地占据一席之地,时至今日成都漆器厂依然发挥着作用。1991年,19岁的王俊林被分配进入成都漆器厂,师从王红、邹小屏、黄万强,学习装饰和漆工。她回忆起初次接触漆器的场景:在金河街的漆器厂,橱窗中摆放了数件流光溢彩的物件,轻盈华美。做木工的老父亲告诉她,进厂学一手漆器技能准没错。

到时父亲做木胎,她做漆器,两方技能相得益彰。进厂之后,长达一年的时间,王

/ 雕花填彩、雕填影花、雕锡丝光，都是漆器技法 /

俊林都在学一件事——刮灰。遵循着老一辈手艺人的传统，她清楚初春时节最适合做色漆，气温在 22～25 ℃之间、空间湿度在 65%～75% 范围内，正是得天独厚的气候条件。色漆是在生漆中加入矿物颜料粉末，如朱砂、孔雀石等调制而成。在色料与漆充分混合后，放入铺了薄薄一层棉花的丝绸中，过滤出其中的杂质，方可使用。王俊林多调制常见色漆，如红漆、黑漆，以备不时之需。诸如其他色漆，一般临时需要再做调制，以免浪费。

木胎经几次打磨后，才可上漆。底漆、中漆，每上一层漆都需要等待时日阴干，之后再做打磨。如此几番，方可以用珠玉螺钿做装饰。砂纸磨出漆面下螺钿的模样，同样是一件极其磨性子的事。王俊林磨穿过一只漆红手镯，银片的颜色明显与周遭形成差异。这意味着这道工序废了，她又得重新给手镯上漆，等待阴干后再打磨。在弥漫着熟悉气息的工作室里，王俊林见证了一件又一件漆器的诞生。那些双手推擦出来的光泽，映照出手艺酝酿出来的味道。在日复一日埋头劳作中，手艺人与古时漆艺人对话，找到了如琢如磨的漆器身上纯粹质朴的美。

◎木质凡胎变得温润如玉

从木质凡胎到温润如玉，王俊林喜欢熬时光一般地等待一件器物的诞生。漆有防腐防虫之效，为木身添上了一份长久的保质期。金沙遗址出土的漆器残片至今仍然纹饰斑斓，跨越时空展现了属于漆的魅力。

王俊林喜欢尝试。脱胎做漆盘，先做出造型设计，将麻布、漆灰间错覆上几层，待阴干固定成型，再涂漆并做细节装饰。

窗外的落叶捡上几片，同样以棉麻贴覆，阴干后撤掉树叶，叶子的造型就留在了布的身上。在成都漆器厂时，王俊林还试图打破传统孔雀羽毛的做法。在贴锡片与手绘之外，她在木板小样上撒漆粉做出羽毛的蓬松模样。掌握颜色的自然过渡，是漆器装饰上很考手艺的一道工序。王俊林曾在下班之余报班学美术，练出了对色彩的敏感性。进厂一年后，考试分配工种，她进了漆器装饰行，堆漆就是在这期间跟着师傅们学到的手艺。黑漆大瓶上堆出一朵立体的牡丹花，瓣瓣花朵，轮廓分明。一层大漆厚度薄如发丝，无数次堆积方可显立体之效。打磨、上漆，循环往复，漆器的模样才大体呈现。

同样的工序做了二十多年，王俊林并没感觉疲倦，当最后一道工序提上日程时，一年的等待开始显现成果。

丰收的喜悦在抛光之后，漆器逐渐露出光泽感。明朝黄成在《髹饰录》中提及，推光如"玄玉"，退光如"乌木"，说的正是漆器抛光。"贼光太假，温润才真。"王俊林常拿棉花轻轻擦拭漆面，待光滑温润时，手掌再与漆器直接摩擦，抛出最后一道光。王俊林还能回想起当年进厂做的第一件漆器——塑料胎底的菊瓣小盒。她曾对

/ 打磨、上漆，循环往复 /

着白描稿子刻花样，生硬的线条至今记忆犹新。二十多年过去，漆器的工艺手法她早已烂熟于心，唯独对待漆器的喜欢依旧如初。

在如王俊林一样的漆艺人这里，漆器是与生活接轨的日用之器。经历千年传承至今，她相信，漆器可居庙堂，也可置于人间江湖。

丝丝竹编绕瓷胎，
倾尽手艺心

瓷胎竹编传承人　谭代明

成都竹编曾有过属于自己的荣光时刻。那时厂里有一百多人,各个工种细分明确,竹编一度远销海外。但如今仍然坚持做竹编的手艺人,只有谭代明一人。她始终在方寸天地间守一门手艺。很多如她一般的手艺人,用一生诉说着一句话:或许很多事情不再流行,也早没了昔日的荣光,但总有热爱它的人,依然愿意坚持。

◎十八般武艺在指尖

谭代明的大半辈子都在和竹编打交道。她的工作室在成都市送仙桥古玩市场,这是一家不足十平方米的小店。竹帘倒垂在小店玻璃门四壁,阳光从缝隙中投映出斑驳光影。玻璃柜中摆放的瓷胎竹编精致动人,让人不禁联想到竹编制作时,经纬交叉的复杂工序。

一眼可以望到底的工作室内,一米多长的木桌上摆放了十多件小巧的瓷胎竹编半成品。竹茎薄如蝉翼,沿着白瓷边缘整齐排列开来。椅子上的电风扇垂着脑袋呼呼吹来凉风,竹茎也随风轻轻上下漂浮。三十多年来,谭代明做了成百上千件瓷胎竹编。

/ 瓷胎竹编起源于清代中叶，是四川成都地区独有的汉族传统手工艺 /

2018年，61岁的她在挑战一项难度更高的竹编——细编。客户要求为一套白瓷茶杯做细编，使定制茶具带有工艺美感。任务交到谭代明手上，前后耗时一月有余，她以竹编衬底白瓷的进度还在缓慢进行。工艺难度在于这批瓷器杯底纵深度大，对扣丝、压线、弧度贴合性要求较高。挑压藏破拼，十八般武艺尽在指尖，才做得出小小一只茶杯竹编。

竹编是个精细活儿。就算如谭代明一般的老手艺人，也一如既往地谨慎细致。她将细密竹丝线头藏杯底于无形，在竹丝竹茎纵横交错中，一双巧手编出了经纬匀称的纹理。四川盛产竹，是竹编的主要产地。古有《蜀都赋》写道："邛竹缘岭，菌桂临崖。布绿叶之萋萋，结朱实之离离。"西南特殊的自然地理环境养了一批上好竹料，恰好成就了蜀地瓷胎竹编的发展。瓷胎竹编起源于清朝中叶，是四川成都地区独有的汉族传统手工艺品。

因工艺复杂、制作考究，瓷胎竹编当时仅作为皇室贡品专用。据传手艺人张国正是瓷胎竹编的祖师爷，他把竹篾刮成细得没有骨力的竹丝，以瓷器、漆器为底胎，编织竹丝依附其上。这就是瓷胎竹编的前身——有胎竹编。不过由于当时世道艰难，竹编技艺也几近失传。直到20世纪50年代，经重新挖掘保护，瓷胎竹编才逐渐重现活力。

◎厚薄均匀，细如发丝

谭代明是土生土长的成都人，在她童年的记忆里几乎全是妈妈刺绣时针线穿插的场景。受母亲影响，她自小做绣品就能一根针挑三根纱，心思细腻，手工灵巧。不过提及邂逅瓷胎竹编，她说那又是一番几经辗转的故事。1975年，18岁的谭代明凭借精湛的刺绣功底考进了成都工艺美术公司，但却意外被分配到玉器厂干上了流水线工作。

/ 分层 /

几年后,玉器厂运转举步维艰。20世纪80年代,她又被调到竹编厂。此后,谭代明便开始了从事一生的手艺。

那时厂里摆放着大片的竹编,谭代明几乎是一眼便喜欢上了这样精致细腻的工艺品。进厂了解竹编的制作工艺后,她跟着师傅叶桂真做学徒。初学不过几月余,师傅就让她做一套茶壶竹编。壶嘴、壶把又长又细,编织难度相当大。不过,当一根根竹丝在谭代明手中幻化成灵动的茶壶竹编时,师傅惊讶的表情无疑就是对她最好的褒奖。编织瓷胎竹编,用料步骤都极其讲究。邛崃平乐镇的慈竹,两年生长期,竹丝不老不嫩,且竹节长度超过0.6米,是编织竹编的上好材料。手艺人挑选好竹子之后,需经过破竹、烤色、去节、分层、定色、刮平、划丝、抽匀等十几道工序,最后只挑选竹身刮青后的薄薄一层用作原材料。这也是编织瓷胎竹编素有"100斤竹子,抽丝8两"说法的由来。

竹丝细腻,厚度与一两根头发丝持平,宽度与四五根头发丝相当。匀刀之下,根根

/ 拉丝 /

竹丝厚薄均匀，粗细一致。一双巧手抽丝制编，竹丝紧贴瓷面，依胎成型，竹丝接头藏而不露，从而使竹编与瓷器浑然一体，宛若天成。学徒三年，谭代明沉浸在竹编的魅力里愈加痴迷。20 世纪 80 年代，竹编厂发展形势大好，海外销路畅行无阻，一时库存一售而光。

不过随着时代发展，市面涌现的产品也不断冲击着竹编厂的发展。2003 年，大量的传统手工艺厂都面临倒闭，成都竹编厂也不例外。谭代明无可避免地成了下岗潮中的一员。属于竹编厂的一个时代，与她二十八年的青春年华，都在这一刻与她挥手告别。曾经吃公粮的手艺人们，经历跨入市场经济带来的阵痛后，不得不面临新的人生选择。

不过彼时的谭代明已经 46 岁，常年与竹编为伴，她的生活早已与竹编合融为一体。虽然命运陡然发生改变，但她不想放弃竹编这门手艺。幸运的是，家人的支持是她坚强的后盾。就在下岗的这一年，她拿着厂里给的两万元赔偿金开了一家自己的小

/ 竹编小店 /

店。回顾这几十年，她不禁感叹，一百多人的竹编厂，最后只剩她还坚持做竹编。

◎破立之间寻求改变

小店运行得很艰难。起初，谭代明本想邀请竹编厂的同事一道开店，但多数人担忧收入不稳定，婉言相拒。于是只有谭代明在这几平方米的土地上，孤独地摇旗呐喊，无人问津。有那么一刻，她仿佛能清晰看见自己一路的坚持，会以狭小而无路可循的悲剧结尾。长久以来，谭代明都在竹编厂埋头苦干，少与外界接触。除了一门精湛手艺，购买竹料、销售竹编，她几乎一窍不通。于是她只得自己跑去城市周边，找寻上好慈竹。

但竹编销量始终无法提升，这让她一度陷入了困境。好在车到山前必有路，谭代明偶然想起曾在竹编厂的一次经历：那时她在竹编厂的门市店遇见了一位购买竹编的顾客。对方挑来挑去，眉头愈发紧锁，最后无可奈何地说了一句话："70 年代是这样的竹编，80 年代也是这样的竹编，现在都 21 世纪了，还是这样的竹编！"

回想起这句话，她才发现自己一直以来都循着老师傅教的手法，小心翼翼地编制每一件作品。殊不知习惯有时是一种很可怕的力量，在"习惯"这口井里面待久了，她竟然忘记竹编也需要不断创新。谭代明开始试着编新的花样，熊猫、花草、山川，越来越多的图案诞生在她的手中。谭代明的丈夫有深厚的绘画基础，常常为她描底做设计。两人协作搭配，将源源不断的创意融进了竹编中。马车、丹顶鹤、乐舞伎，都是他们夫妻共同创作的作品。

谭代明惯用一张方形木桌，深夜伴着浅绿色的老式台灯，指尖捏着镊子一层层穿插竹丝竹茎。她的手指摩擦过每一根竹丝，情感和温度固化在每一件作品上。三色编、镂空、挑压藏破拼多种手法，幻化出虚实变化的节奏，她在不断地尝试与突破中，发现竹编新的魅力。

谭代明没有和师傅们一样，认为关上门苦练手艺就能得到价值认同。瓷胎竹编与蜀绣同时出道，出路却依旧让人担忧。她手中的竹丝无穷无尽，似化作一张竹网，人在织网，网也在织人。面对堪忧的销量与无人问津的尴尬，谭代明始终无法扭转局面。

◎ 欲以时光献竹编

不过所有的出路并不全被一味堵死。这些年间，谭代明已经成为国家级非物质文化，遗产"瓷胎竹编"省级传承人，并得到成都市民间艺术家协会扶持，在送仙桥有了一间制作竹编、展示手艺的门店。

2013 年春节前夕，谭代明迎来了一个机遇。当时，央视《探索发现》栏目找到了谭

/ 瓷胎竹编 /

代明。节目组想拍摄瓷胎竹编传统手艺的制作，以影像方式让更多人知道这项传统技艺。团队前前后后拍摄了 1 个月，制作完成后播出的第二天，就有人找到她定做一套瓷胎竹编。电视媒体的作用带给瓷胎竹编前所未有的曝光量，越来越多的人通过她的双手看到了竹编的魅力。她不但获得了相应的酬劳，自我价值也在一件件作品中得到了实现。

这些年来，谭代明多次赴瑞士、中国香港、韩国参展博览会，将瓷胎竹编的魅力传递给更多人。她也给小学生们上课教竹编，带领的学生曾获得成都市小小传承人竹编组第一名。常年坐在桌前分丝、调匀刀，控制竹丝细如发丝的宽度，谭代明的眼睛总是血丝漫布。她手指上的老茧是时光留下的印记，见证着她几十年如一日的竹编生涯。谭代明说竹编不难，但做到"精选料、特细丝、紧贴胎、密藏头、五彩图"，还是得凭手艺人钻营。

"钻进去了，哪还有难度？"竹编手艺无非几句话：匀刀调整后的精细竹丝用作纬线，根据瓷胎尺寸裁剪用作编织经线的竹篾。再将修剪后的竹篾按规律放在圆形木座上，纬线穿插竹篾将其固定，便可环绕圆形木座一圈圈编制。

但她也坦言，做竹编这一行很辛苦。她收了三十多个徒弟，至今完全出师的仅有两人。多数人不愿意承受辛苦，只能半途而废。谭代明也不知道竹编的未来怎么样，她想得很简单，"如果眼睛不出问题，那我就做到 70 岁"。

经纬
之上

一针一线濯素手,经纬之上刻年轮

裁衣裁心裁岁月

旗袍大师　罗三裁

张爱玲极爱旗袍。无论是《倾城之恋》的白流苏，《色戒》的王佳芝，抑或是《花样年华》的苏丽珍，旗袍总是伴随女主角们出场的服饰。民国的女人们，曾在旗袍堆里演绎出风情万种。九零后手工旗袍设计师罗阳，入行近十年，针线串联了无数件旗袍。他做旗袍，不是让旗袍回到多少年前的模样，而是成为适合现在的模样。

◎ 做旗袍的罗三裁

九眼桥旗袍工作室，80余平方米的一楼，罗阳就坐在木椅子上。这个黑色短T上写着"吸烟致死"的90后男生，正在抖落手里的烟灰，慢悠悠地说了句："我是个奇葩。"

旗袍，他只做自己觉得好看的，"不会考虑市场喜欢什么，而是让大家喜欢上我这种风格。"罗阳一向如此"任性"。2013年，他刚上大二，拿着兼职赚来的两万元钱，就在四川师范大学的一栋居民楼里，开了一间自己的工作室——罗三裁。名字起得很随意，罗阳外号罗三，是做衣服的裁缝，"那就叫罗三裁咯。"与起名字一样，他开工作室也带着随心所欲的味道——不想上课，就找个其他的事情先干着。不过这

/ 女性勾勒着的魅力，大多与旗袍相关 /

/ 设计样式 /

一年的日子并不好过,因为他一个订单都没接到。当时,这个二十出头的小伙子找了挺多法子养活自己,卖酒、卖手机、办贷款、当服务员……其实他心里没什么太大的波澜,有种"命里有时终归有,命里无时莫强求"的坦然。他只是活在自己的世界里,慢慢地做着旗袍。

现在的罗阳在旗袍圈名气不小。摄影师陈漫、漫画家早稻都找他定做过旗袍。就连著名脱口秀演员李诞和黑尾酱的婚纱照上,也有出自他手的白色蕾丝旗袍。在见证幸福的时刻里,他的旗袍开始占据着一席之地。目前在成都的旗袍店就是他的根据地,每两个月罗阳都会去北京、上海等地,集中谈妥那边的客户。问及他是否考虑再多开几家店铺时,他刻着"生死有命,富贵在天"文身的手压低鸭舌帽,摇摇头,"太累了。"

某种程度上,他不想把旗袍当作赚钱的工具。拿上剪刀,挑上一段布料,做成一

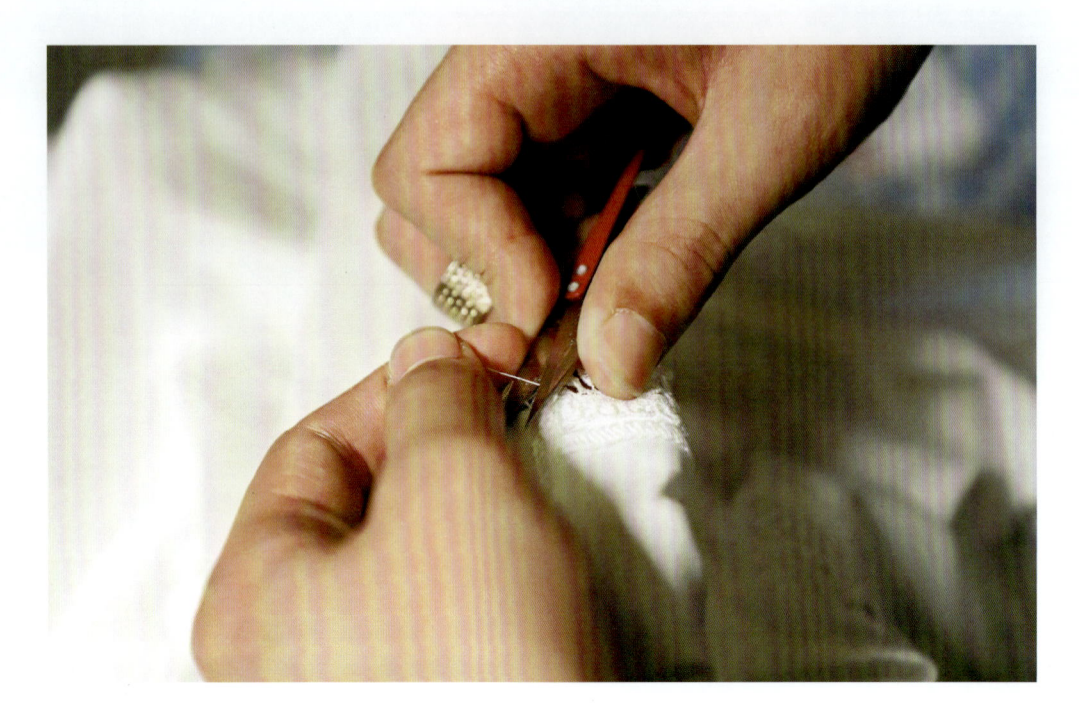

/ 裁剪 /

身旗袍，其实本身就是一件纯粹的事。而旗袍本就不复杂，它就是一件普通的衣服，出席晚宴、日常通勤，都可作为选择。赋予太多含义，反而让衣服太"重"。

◎活的旗袍

一件旗袍的灵魂体现在衣物穿上身体的那一刻，布料沾上人间味，曲线贴切人体弧度，衣物就活了。就像是店里的老留声机，唱针落入唱片的弧形刻槽内，老上海的味道开始传出时，电影里过往的一切仿佛活在了眼前。而罗阳与旗袍开始的故事，实在久远。

小时候罗阳常看妈妈去干妈店铺里做旗袍，挑选布料、定制款式，拿上一卷软尺在身上比画几下，不多久妈妈就有了件新衣服。在孩子眼中一块布料化作一身旗袍，

/ 缝制 /

"踩着缝纫机哒哒哒的声音,感觉是个很好玩的事。"

那时有关旗袍,他还只有一个粗浅的印象。但若追溯根源,实在众说纷纭。周锡保曾在《中国古代服饰史》中提到,旗袍是从清朝旗女的袍服直接发展而来。这大概便是所谓旗袍,旗人之袍的说法。而在 20 世纪 20 年代至 40 年代末,旗袍进入鼎盛期,一度风行近三十年。

《百年衣裳》中曾提到,"在这个旗袍如明月般璀璨的 30 年代里,女性围绕着旗袍勾勒着属于自己的美丽,几乎所有的时尚都与旗袍有着联系。伴随着妩媚、妖娆或是端庄、简洁,旗袍用一种无声的形式展现了东方女性的婀娜多姿,同时也成就了自己的黄金时代。"

兴衰至复苏,20 世纪 90 年代后期,旗袍又开始回归大众视野。尽管如此,在更多

/ 旗袍布料 /

/ 花纹细节 /

人的印象中，穿旗袍依旧是出现在电影中的场景。罗阳刚好相反，他至少算是从小在各种旗袍里长大的那一类人。虽然年幼认识不深，但总归是见了不少布料。

正经拜师干妈龚晓虹是在 17 岁，罗阳想为大学学现代服装设计提前做准备。却没想到自拿上剪刀，裁剪几块布料开始，旗袍就成了他往后生活中不可或缺的元素。行当里的老话说，旗袍十年才能出师。从认布、制版、裁制衣物，每一个细节都是一门学问。成为学徒三月后，罗阳做了人生第一件旗袍。他金属眼眶半遮住的脸上，写满了对这件旗袍的无可奈何。当时资历尚浅，具体是什么布料、什么模样，他早已回想不起，只一个丑字记得最是深刻。

◎爱旗袍，也爱酒

在旗袍的分类上，有京派、海派之别。

干妈所做的龚氏旗袍属于京派风格，偏向于保守。其旗袍样式依旧保留有最传统的款式，款型通常平直宽肥，剪裁以直线为主，且以宽边包边，不露女子身形曲线。

海派旗袍则比较摩登。它不拘泥于传统旗袍款式，而是借鉴西方服饰中的翻领、荷叶领等样式，袖型上也有荷叶袖、开衩袖等新尝试，同时还增添有胸省、肩缝等，以突出女性的曲线美感。

他说自己"既不是京派旗袍，也不是海派旗袍，而是罗三裁的旗袍。"在剪裁风格上，他以连袖式的平裁为主，体现亚洲女性柔弱无骨的美感。在保留着 20 世纪二三十年代纯粹感的同时，他在旗袍的设计上也融入了现代的元素，例如以加入省道来保证人物躯干的修身立体性。

布料选择上，他也不拘泥于传统的面料。蕾丝、印度丽人纱、香云纱、棉麻都是常见的料子，甚至他还找了好友专程去日本淘绝版正绢。通常一款面料便可定下旗袍基调，之后再考虑细节，如包边的颜色，扣头的选材等。

罗阳的手工定制旗袍不似传统布扣，他更偏向于以玉石、珍珠为色彩点缀做旗袍扣。他在旗袍中融入更现代化的元素，"骨子里却是 old school（老派）的味道，但又不是在看历史服装。"定制一身旗袍，客人至少要来两次。第一次量体，第二次试衣。刚到的客人试的是一件白色蕾丝旗袍，外层镂空的图纹精致细腻，内衬的真丝纯白无瑕。个头一米八的他半跪在地上，拿出针线软尺替客人标记尺寸，几分钟之内便敲定修改细节，爽快利落。

罗阳经手的旗袍款式、材质确实多样。但在布料堆里待得久了，偶尔也会生出郁闷感。不过他性格里的一丝任性依旧保留，"蕾丝旗袍做久了就换正绢，正绢做烦了就换真丝，都做烦了就不做了。"这种时候，一壶好酒便足以解忧。每月挣了钱就花在一堆酒上，"喝高兴了，就能想出好多款式。"衣里有酒，酒中有衣，正如他所说，"我的旗袍带着酒气，晕晕的，不醉人。"

◎三分天注定

罗阳一直说，自己现有的成绩全都归结于运气。2013 年工作室成立初期，他沉迷"海派"旗袍，推广无路也没销量。一年以后，一位姑娘逛微博发现了罗阳的手工旗袍，"罗三裁"才得到开张第一笔订单。他曾开玩笑说，"每次有姑娘对我说，等瘦下来就做一身旗袍时，我感觉就像永别一样。"刚开始的两年，每一步都走得不容易。但从无人问津到柳暗花明，这中间的起承转合来得又有些"莫名其妙"。

2016 年初，罗阳去天津出差，在一烧烤小摊点了几串玉米。几分钟后，老板端了五根玉米棒子上桌时，罗阳当场傻眼，因为成都的烤玉米以粒粒串联为主。于是他随手发了一条微博，没想到直接冲上热搜第一。他就这么火了。

/ 整理细节 /

罗阳笑称，自己是因为段子而火的裁缝。微博粉丝猛涨的同时，做旗袍的人也逐渐多了起来。客人口口相传间，名气也就传了出去。2017年底，由演员胡可主演的话剧《潜伏》剧组也通过微博找到罗阳，定制了十几套旗袍。现在，罗阳已经和央视戏曲频道的《角儿来了》节目组达成长期合作，主持人董艺的服装基本全由罗三裁提供。

曾有客人远道而来，找罗阳定制一套婚纱；也有客人跨越太平洋，想穿上东方韵味的美丽服饰。一件旗袍因为一个人，生出了一段故事。在罗阳眼里，每一段情节都是一段布料的寄托，衣服总归是因人而美。一月订单上百，罗三裁店铺的生意已经十分稳定。

他形容自己像是稳稳接住了老天抛下的馅饼，一切仿佛都来得太过容易。"除了旗袍也不会做其他的，所以赶紧学习技能，免得晚景凄凉。"于是在做旗袍之余，罗阳

/ 旗袍展示 /

练拳击，搞音乐，同时还是一家酒吧、一间定制西服店的合伙人。小木屋子里罗阳说话声音压得很低，带着些漫不经心的味道，没有假期、定期学习、晚上视察酒吧喝得头昏脑涨、拳击比赛得了几个冠军……他说，自己的人生目标是"混吃等死"。这个1992年出生的男生坦言，"反正我一路过来，没有努力，都是运气。"

◎ "见异思迁"

入行十年，旗袍做得也越来越精致，罗阳将原因归之为"见异思迁"。工作室一排几十件旗袍样衣，颜色各异材质各异，全都是罗阳"见异思迁"的结果。爱上香云纱的岁月美感时，罗阳就只做这种料子的旗袍，审美疲劳就换一种。尝试得多了，就能看见一件旗袍的各种可能。

"所有旗袍的款式都大同小异，但是风格类型上还是有诸多差异。"《花样年华》里，苏丽珍几十套旗袍不带重样，烟雾氤氲中的东方味道在荧幕上静静流淌，罗阳沉迷这种复古风格的旗袍。于是张叔平的服装指导作品，他一部不漏全部找来细细品味。

在他早期的作品里，旗袍大多还是单纯包边。而在张叔平作品的影响下，他慢慢学到了细节处理和色彩搭配。制版设计时，旗袍风格也朝张叔平的风格渐渐靠拢。"大师的作品，怎么看都经典。"琢磨了这么多年，唯独对张叔平的旗袍，罗阳的喜欢依旧如一。

这种喜欢是显露痕迹的直白式追求，雅致小屋里的各色样衣挂了一排，深深浅浅都带着张叔平复古旗袍的韵味。现在，罗阳的工作室已经有固定团队10人，一半在店里维系客户，一半在原料市场做旗袍裁剪，但设计全是罗阳一人。

与学生时代一人吃饱，全家不饿的状态不一样了，罗阳现在担着这么多人的饭碗，

/ 旗袍展示（局部）/

"也不敢太任性。"顶多遇见几个不好说话的客人，罗阳原款退回去就是了，"不想纠缠，影响心情，也会影响这一天的制作水平。"毕竟手工旗袍，更带着一丝柔软。旗袍的制作不能像机器的快速批量式生产，而是给了制作者一个长时间的思考时间，不可避免地带有制作者的个人情感。

日子就在飞针走线中慢慢度过，只是沾染旗袍的气息，好像生活也会慢慢回到旧时光。罗阳与缝纫机做伴，闻着布料沉积的味道，人仿佛活在了时空中静止的一环，但这绝对不是罗阳生活的全部。这个骨子里流淌着90后典型血液的小伙子，爱玩爱疯，放下布料就是另一个不一样的人——灵魂可以在拳击场上点燃，也可以在香云纱间沉静。罗阳的人生和做旗袍一样，尝试得多了，可能性也就更多。

旗袍从老电影中慢慢走近普通人的生活里，寻常巷陌街头巷尾，路上人来人往，总有穿着旗袍的那一位。外行会以为，旗袍多是年长者更爱之，殊不知旗袍早已呈现年轻化的趋势。年轻的小姑娘日常出行,可以穿一件素色旗袍,出席晚宴则有光泽感重的礼服旗袍。

在罗阳眼里,旗袍是可以在任何场合都不失分寸的装束,"旗袍是包容的,完全可以是小众潮牌。""任何服装,将它捧上神坛,摆进博物馆,就是在树立一座碑。只有穿上它,把它带进生活,它才能够长久地走下去。"

刺绣又一针，
花开芙蓉城

蜀绣传承人　赵崇延

在成都平原上，飞针走线的画面从不少见。绷架撑开，绣花针指尖走一圈，落成一段画。从汉赋家杨雄《蜀都赋》"若挥锦布绣，望芒兮无幅"，到如今歌曲唱到"芙蓉城三月雨纷纷，四月绣花针"，蜀绣在这片土地上走过了千年。赵崇延做了四十多年蜀绣，针线技法，早已内化于心，外化于行。人生大半辈子走过，他依旧一路高歌只做一件事。

◎生来就该吃手艺这碗饭

这里是二楼光线最好的地方，赵崇延坐在绷架前，卷起的布帘下一幅毕加索的作品逐渐露出了容貌。从2017年开始，赵崇延脑袋里就跳出了一个想法——做一幅中西交融的绣品。在这幅绣品上，他要将毕生"修为"尽数融于一针一线。软缎上，针线穿过彩丝，手艺人的十八般武艺轮番显示。蜀绣针法甚多，有十二大类一百多种，如晕针、切针、拉针，但常用针法不过数种。一幅绣品讲究"针脚整齐，线片光亮，紧密柔和，车拧到家"，常是各种针法交错相间，变化无常。

早在汉朝，蜀绣便已声名远扬。五代十国，蜀地安定富庶，绣品需求的增加刺激了整个蜀绣行业的飞速发展。往后的朝代更迭，但蜀绣的发展并未停歇。中华人民共

/ 蜀绣源远流长，至今已有上千年，赵崇延很早就注定了他的蜀绣人生 /

和国成立后，四川设立成都蜀绣厂。在这里，赵崇延的蜀绣之路开始起航。

但在进厂之前，赵崇延就知道自己要走蜀绣这条路。13 岁刚上中学，他对蜀绣厂的母亲说过这样一句话："我以后会接您的班。"母亲笑道："你的人生还早得很，别太早给自己框定。"但从那时起，他就常看着母亲刺绣，手上也学着母亲的样子，拿起针线缝缝绣绣。

1978 年，他顶替母亲的岗位来到成都蜀绣厂，拜老师傅魏光建为师。一年学徒生涯，师傅将蜀绣上百种针法技巧全部倾囊相授。赵崇延也极有天分，当年偌大的厂子里，也仅他一人一年转正，一年评定二级工。厂里大树的叶子绿了无数次，黄了无数次。等到 90 年代，蜀绣厂已经没有足够的能力发工资，赵崇延只得蹬三轮养家。白天出去踩车，挣上几块钱买菜回家。晚上的时间全部拿来刺绣，十一二点的时候仍然不停歇。

与当时的其他工艺厂一样，2005 年，蜀绣厂也因无力运转而倒闭。几百个手艺人四处分散，有人去做了服务员，也有人当销售，留下不足二十人坚守蜀绣。赵崇延在人民南路的古玩市场摆了一个地摊，绣花小件铺在摊位上，过路人若是相中一件，一单买卖便成了。但人来人往间，驻足观看者居多，解囊购买者少之又少。

◎一生注定的蜀绣情缘

在焦灼裹挟了大多数人的时期，赵崇延没管太多，依旧是拿着针线过着自己的小日子。

每完成一幅作品，他都惊喜于自己针线之下的蜀绣宛如一幅画作。"我的初心就是蜀绣，做一样产品，从开始做到结束，有一种很强烈的满足感。"正是每一次惊喜带来的鼓励，支撑着他一路咬牙坚持。

机会开始找上门来时，也为赵崇延打开了一扇创作的大门。那是1994年，一位朋友为留下结婚纪念，找上他做人物刺绣。之前已经有丰富刺绣经验的赵崇延，人物绣也都集中在侍女图上，而与真人刺绣的技法与风格是完全不同的。赵崇延胆子颇大，想着当时囊中羞涩，二话不说便接下单子。

20世纪90年代，一幅人物刺绣12000元，赵崇延需要用四个月时间完成，这样算下来收益已经不菲。他喜滋滋乐了很长一段时间，也渐渐尝试更多的人物刺绣。一副绣品，纱料底子双面绣，耗时常是以年为单位。赵崇延曾带领七人耗时四年半，完成一幅33米长，专家评定价值480万元的作品《五百罗汉》。他将明朝画家吴彬的《五百罗汉》从墨稿变为彩色蜀绣，突破了难度极大的配色问题，把历史画卷还原成活灵活现的刺绣作品。蜀绣不只是一针一线的手上功夫，每天绣上几朵花已经渐渐演变成为赵崇延的生活方式。2000年年初，赵崇延卖房开蜀绣小作坊，雇上几名工人做绣活。他试图以一己之力还原当年蜀绣厂的盛景，但好景不长，小作坊最终因为生意不景气关门大吉。

生活还得继续，2006年，赵崇延开始试着将自己的绣品放在朋友的店铺销售。对于蜀绣，他始终保持着自己的初心与耐心。这个眼神里闪着光芒的手艺人说："如果没有当年一鼓作气卖房子的勇气，可能也不会有现在的赵崇延。"

◎一针一线，沉入其中

"蜀绣，归根结底，落在绣字。"赵崇延悬挂的绣品，远看如画的蜀绣，色彩渐变晕染，浑然天成。仔细琢磨，眼睛便会被这一层层绣上去的颜色震撼。一幅绣品，颜色由浅入深，先以浅色打底，在一针一线中绣出色彩的明暗对比。

丝线顺滑而下，针脚紧密有致，一幅绣品方能平齐光亮。针法是关键，人物皮肤用晕针，动物眼睛用滚针，乱针交叉绣背景，每种针法相互补充。丝线利用同样是挑

/ 穿线入孔 /

战，一根线，一分为二便是独立的两绒线。一绒线分八丝，丝丝细微易断。若遇上以一丝线刺绣，且针脚短，手艺人的技艺必定炉火纯青，才敢上手刺绣。

通常一幅绣品，要经历下料、上料、勾描、上绷、分线、刺绣、装裱等几个步骤。下料是基础，即根据需求确定刺绣内容、大小、材质。上料就是选定面料，为勾描做准备。材质上，蜀绣有尼龙纱、真丝面料、仿真丝等。细薄的材质可以将摹本的线条显露，顺其勾描图稿于面料上，并将面料上在刺绣绷架上。到这一步，才能穿针引线开始刺绣。

技艺高超的绣工可以囊括花鸟鱼虫、人物山水，双面绣也是不在话下。赵崇延一幅双面异形绣品，正看郎情妾意眼眸相望，背看二人又是低眉颔首另一番模样。甚至有的作品，两面完全是不同的题材。

双面绣是难度更高的绣品。一针同时绣两面，上下两只手配合得天衣无缝，才能

/ 蜀绣作品《五十六个民族奔康梦》局部 /

/ 蜀绣作品《五百罗汉拜观音》局部 /

保证丝线不纠缠。刺绣时，针形垂直，不可刺破反面绣线，同时针脚均匀有致，才能双面相当。藏头需要极其隐秘，将线尾隐在针脚中，且表面平整光洁，没一丝线头。

四十多年飞针走线的时光中，赵崇延印象最深的是 2008 年创作的《熊猫十三娇》。作品的灵感来源于地震期间失散的两只熊猫历经艰难重逢后，生下十三只幼崽的故事。当时赵崇延在都江堰办蜀绣传承学校，灾区许多人都参与到刺绣当中。每每回想起来，赵崇延都觉得内心一股暖流经过。那是一种力量的融合，每一针都凝聚了群体的情感。

市场上一幅绣品通常以万元定价，高冷的蜀绣如何落入凡尘，进入寻常百姓家，一直是赵崇延思考的问题。借鉴其他传统手艺的路子，他开始把蜀绣融入日常配饰之中。诸如在一副手镯上做上花纹，以独有技法粘贴上蜀绣。耳环上也可配以小朵绣花，既有古风韵味又有视觉美感。

/ 佛教相关蜀绣作品 /

/ 书法蜀绣作品（部分）/

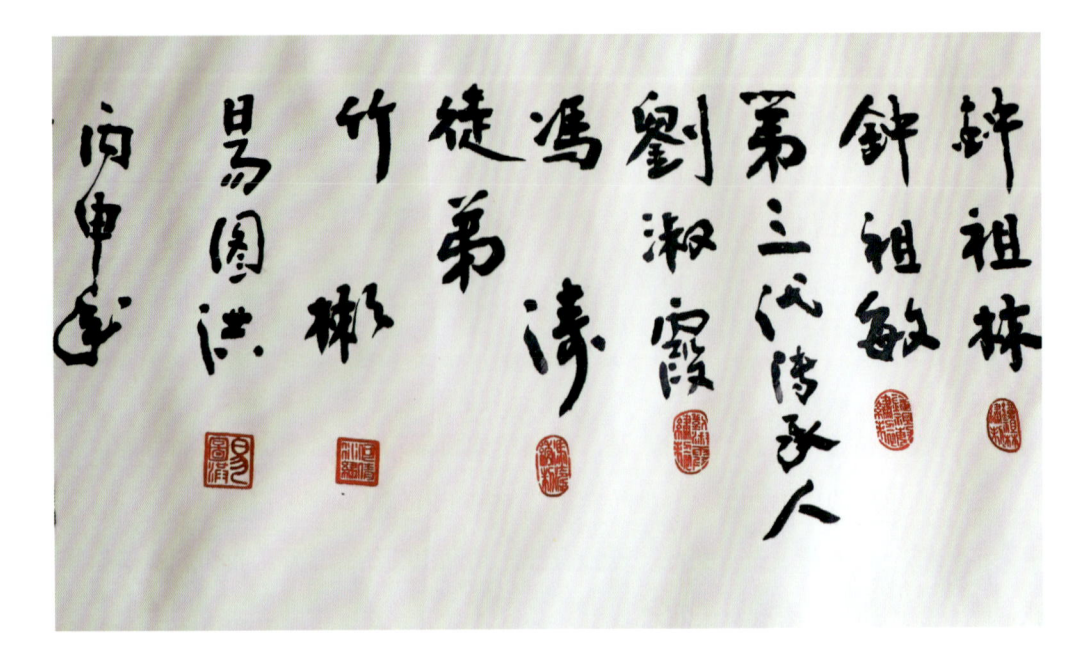

有关蜀绣的安排愈加紧凑。赵崇延每周都会免费指导残疾朋友们学习蜀绣，也定时到高校为学生们讲课。提起自己的得意弟子，他的笑意有些深。他收了一位九岁的关门弟子，小徒弟不仅热爱蜀绣，还有着极高的天分。

赵崇延坦言，与苏绣、湘绣相比。蜀绣的市场化程度较低，绣工也越来越少。如果不与市场结合，蜀绣的传承就会越来越困难。不过在年轻一代的身上，赵崇延看到了蜀绣的未来，他决心把自己平生所学不遗余力地传承下去，以自己的力量将蜀绣教给更多人。

毕加索的名画为主题的蜀绣正在进行中，赵崇延计划着以中国传统蜀绣技法，绣出这副世界名画，拿到巴拿马参赛。

织机出经纬，
手上现风景

蜀锦手艺人　胡光俊

蜀锦工艺延绵千年，在四川这块土地上留下瑰丽多彩的历史画卷，在唐宋兴盛，发展出雨丝锦、方方锦、铺地锦、散花锦等多种品种。胡光俊喜欢称自己为蜀锦人。

二十一岁进入蜀锦厂，他从学徒工做到副厂级干部。在人生似乎可以扶摇直上之际，厂子陡然倒闭，为养家糊口，他只得在蒲江养猪。人生大半光阴过去，如今胡光俊年近七十，早该颐养天年，却再次因为蜀锦背上了三十多万元的债务。采访最后，他取下眼镜，缓慢又悠远的声音响起，「我们这些老家伙已经尽力了。」

◆

◎ 年少遇蜀锦

这是双流九江镇鑫坤实业有限公司内一间 1300 余平方米的厂房，冬日里，门前老树的叶子落得不剩几片。当一阵哐当的织机呼吸声响起时，生活里的热闹似乎又在瞬间点燃。胡光俊是这里的把关人。旧历年翻过去，他就迎来 70 岁整寿，但运转着的二手织机还提醒着他不能停歇。和隔壁搓麻将的大爷不同，胡光俊手上还管着一个蜀锦研究所，厂子里的十余人还等着他发工资。

一切都还不能停止运转。厂里摆放着一台花楼织机，这是胡光俊与伙计们一起做的一台木质机子。机型长 5 米，宽 2 米，高 3 米，属第二代织机。过去织蜀锦，几个人分属花楼织机上下，才能带动一台机子运转。老式的机子已经化作传统文化教育

/ 画图 /

和古代科技展示品，在 2008 年租下这间厂房后，胡光俊的弟弟筹钱买进了几台二手织机，邀请了前成都蜀锦厂部分专家、老艺人组建了成都古蜀蜀锦研究所。当机械化的声音哐当哐当响起时，生产效率才得以慢慢提高。

与蜀锦打了大半辈子交道，胡光俊时常设想，倘若时光倒流，他肯定不会再做这一行。当时年少遇蜀锦，是时代背景下的机缘巧合。蜀锦为四川生产彩棉，已有两千年历史，与南京的云锦、苏州的宋锦、广西的壮锦并称为"中国四大名锦"。蜀锦分为以多重彩经起花的经锦和多重彩纬起花的纬锦，其中经锦工艺属蜀锦独有。

蜀锦工艺延绵千年，在四川这块土地上留下瑰丽多彩的历史画卷，在唐宋兴盛，发展出雨丝锦、方方锦、铺地锦、散花锦等多种品种。但蜀锦在近代工业大发展中陷入危机，在新中国成立后，四川省内保留和坚守这项工艺的便是成都蜀锦厂。

但蜀锦这项工艺在"破四旧"中几乎停摆，直到 20 世纪 70 年代，政府重视蜀锦生产行业的发展，增加投资、改善管理，这才提高了蜀锦产量。

就在这样的背景下，1971 年，21 岁的知青胡光俊从四川省德昌县回到成都市区，被分配到蜀锦厂上班。在学习了劳动纪律和安全生产的知识后，他便去了最先进的车间学习技术。再后来他被分配去操控半自动机械织机。当时的机子一旦运转，马达就飞奔起来，也没有自动刹车控制系统，全靠人工控制。厂里的岗位众多，但胡光俊几乎都做了个遍。有一次厂里搞建设需要木材，他还跑上了供销线路。

学徒工资低，在外出差住勤补贴仅一角五分，渐渐地他又从供销转回车间，正式分配工种。有人做设计，有人做机械安装，而胡光俊则进了穿吊组，需要将各类花、素织物依序组装上机生产。当时他一眼看到的是丝线牵扯场景，还有一群五六十岁的老师傅，瞬间就打了退堂鼓。

当时年轻气盛，也不管找一份工作有多难，他没去穿吊组报道，索性在家痛快地玩

/ 上机装造中的吊综 /

/ 上机操作 /

了三天。后来厂办主任急匆匆跑来家里找他，苦口婆心地劝说："教你手艺的师傅是西南技术最'港'的，现在没人接班，厂里看你年轻肯学才这样安排，你学到这门手艺好啊！"

◎ "只有问，才能懂"

一生的转折大概是始于这句话。

老师傅的叶子烟晕了一阵阵烟雾，胡光俊常追着师傅问为什么，手上还得备着烟草。多问几次常会把师傅的脾气引爆，那时候他常是"眼泪包包的"。但是，"只有问，才能懂。"蜀锦织造工艺分为三步，依次是练丝、染色等炼染工艺，图案设计及配色等纹制工艺，经纬线加工及上机织造等织造工艺。桑蚕丝需要并捻后精炼、染色，由设计师构思出瑞草百花、对禽对兽，再由纺织工拉花、投梭。

一块蜀锦成品需要多人协作而成。胡光俊负责的穿吊组装属于纹制工艺中的一道工序，但胡光俊居安思危，那时他就知道做一个复合型人才的重要性。当时的蜀锦厂有五百多人，工种精细划分，厂里的每个人就像一颗螺丝钉，在各自的链条上运转。

工厂严格要求上班时间不准串岗，他只得晚上去求教别的师傅。遗憾的是，蜀锦设计的老师傅还未将多少手艺交给他，人就不在了。穿吊组里有两个20世纪60年代的老高中生，是胡光俊的师兄师姐。他们见胡光俊勤奋，鼓励他去纺专学院找资料学习理论。

那时成都市供电紧张，工人都划片区休息，且城市公交系统不完善。每周三，他需要步行几公里从青羊宫到三瓦窑，找老师借资料。理论知识与实践操作配合，胡光俊逐渐掌握了复杂的装造技艺。

1975年，蜀锦厂接到了制造音响喇叭布的任务。据胡光俊回忆，当年我国某些音响

/ 织机 /

的喇叭布依靠进口，其特殊的工艺在国内还未被完全掌握。

任务艰巨，胡光俊的师傅和设计师们组成了试制喇叭布的攻关小组。可一次，两次，丝线上机之后，试制都未成功。装造一台织机耗时极长，一旦失败，穿吊组装的织机就只能剪掉，一切又只得从头再来。眼看着上交产品的时间即将来临，大家都犯了愁。时机来得很凑巧。那天胡光俊干完活路过设计室，门边的窗口就像一个电影盒子，正实时播放着里边一群人的愁眉苦脸。

胡光俊趴在窗户边上听了一会，脑子里很快盘算出了结果。喇叭布的装造方案比较特殊，需要采用"双造"法。他站在窗外请求说两句，设计师们用疑惑的眼神看着他。他举了个例子，"一个提花机上有1480个纹针数，将其分为两区，1—700为一区，701—1480为一区，即把一个提花机当作两个使用。最后组装上机，合二为一，即可达到目的。"师傅有些吃惊地望向窗口这个年轻的小伙子，拍手道："对了，对了。"最后，攻关小组如期完成任务，并向成都市委市政府报喜。他们的工作成果

/ 正在织锦的车间 /

填补了这项喇叭布的制作工艺空白。

那时胡光俊仍然只是蜀锦厂一个普通的职工,但师傅待他的眼光已经产生了变化。他的技术在不断地磨炼与学习中越发精进,也慢慢得到更多人的认可。后来厂子不断发展,由五百多人发展至二千多人,胡光俊也从班组长调任至车间副主任、主任。后来由于厂里需要蚕丝原料,胡光俊又在厂子联办的缫丝厂担任厂长。

自此,人生似乎开始扶摇直上。

◎ 平衡线的两端

未曾料到,风云突变。2003 年,厂子陡然倒闭,刹那众人失业下岗,胡光俊也成了浪潮里的一员。养家糊口的压力因为下岗失业的变故而愈发沉重,每个人都在寻找自己的出路。而胡光俊选了一条匪夷所思的路——养猪。他去到蒲江县一家养猪场，每日周旋于一头头白花花的猪仔身边。从副厂级干部变成猪场饲养员，落差于他而言却不是太明显，这得益于他一直保持的良好心态。

在厂里时，胡光俊担任过车间主任，做过技术指导，在后勤服务部卖过饭票，管理过宿舍卫生与厂区绿化，早已在起伏之间练就了平和的心态。淡然处世之间，他还是个爱打抱不平的人。见了厂里的职工受到委屈，胡光俊常会给他们出头，也因此被职工投票选举为厂工会第三、四届工会委员，车间工会副主席。慢慢地，帮人一把好像也就成了他习以为常的事情。

助人和被助之间成了一条平衡线的两端，互相影响。10岁那年，他在峨眉老家青衣江乘船渡河，上船时，他误抓到纤夫拉船的纤绳，一时之间人悬立半空，只得死死抓住绳索。脚下水波滚滚而过，旦夕之间人就要坠入波涛之中。旁边一连跑来三个大人，把他给拽了上岸，这才保了一条小命。

时隔多年回想起来，胡光俊依旧能记起当时的惊心动魄。经历的事情多了，他早已把随遇而安当作人生信条。去蒲江养猪，他也只当作顺其自然的事情，像是漫长人生的必经之路，去就去了。

◎执着的坚守者

最直接的好处便是怡然自乐。养猪有养猪的乐趣，蜀锦也有蜀锦的魅力，他看得开，也并不为自己的当下着急。就算如今已过七旬，他依旧精神矍铄，声音亮堂。哐当声一阵阵传来，胡光俊推开大门，几台织机还在运转着。

这是2008年创立蜀锦研究所时，购进的一批二手设备，正是这批设备支撑了研究所十年来的运转。但一路走来并不简单。蜀锦织造技艺有四个工种，六十多道工序，

/ 蜀锦花纹 /

必须由团队协作完成。从小样设计到上机织造再到出成品，一个团队前后得忙活数月，甚至数年。

若要让蜀锦走上市场，又要花费一番工夫。曾经在蜀锦厂分厂任职时，胡光俊担心产品销路困难，也跑过销售，还积累了不少人脉资源。研究所制成的头一批蜀锦销售，正是胡光俊一个个电话卖出去的。他电话预约曾经的客户，再带上自己的蜀锦与市面的蜀锦上门，为一个个单位介绍区分蜀锦的工艺特色。往复不断拨出上百个电话，他用一个多月的时间跑完了客户，也拿下了研究所的第一笔订单。在熟人们的口口相传间，销售渠道逐步打开，研究所的状况本该逐步好转。

一个小插曲改变了现状。投资公司临时撤资，研究所的资金链条忽然断裂，众人被打了个措手不及。忽然之间，这家集生产、保护、传承、研究于一体的研究所就要面临分崩离析。织机若停止运转时间过长，机器零件会锈蚀，蚕丝会脆断。

/ 蜀锦成品 /

虽说是二手织机，但价格也并不便宜。而当时一筹莫展的胡光俊本与弟弟已经打算关掉研究所，甚至计划将织机当废铁卖了。同样的场景，似乎又要在胡光俊眼前上演，但这一次他一举扭转了局面。

他曾因蜀锦结识了四川金笛服饰有限公司的黄萍总经理，二人一见如故，对于蜀锦也有几次交流。2017年4月，胡光俊接手成都古蜀蜀锦研究所。这在当时几乎就是个烂摊子，除了部分库存产品，研究所内一无所有。正是在黄萍的支持下，胡光俊借支6万元才按时将当月职员工资兑现。这位年近七十的蜀锦人前后借债近30万元，但凭着自己的一路坚持偿还大半，还顺利盘活了蜀锦研究所。

人活七十古来稀，但胡光俊心并不老，他还想玩出蜀锦的更多花样。除了大件画作，还有领带、耳饰、布艺等各种可加入蜀锦元素的物件，他还与一家汉服店合作，设计汉朝样用于服饰之上。但他的困扰也不少。缺人，几乎是蜀锦研究所一直以来都攻不破的难题。开发创新、宣传包装、销售，每一块都需要有人来做，可现在鲜少有人愿意选择这一行。有人曾坚持几月，也有人曾坚持几天，胡光俊似乎已经习惯这样的场面。他说自己现在是"眉毛胡子一把抓"，什么都做。他常说一句话："我们这些老家伙已经尽力了。"

柔韧如发，
编出成都千年味

银花丝传承人　道安

一米筷子粗细的银料变成一根如头发丝细腻的银丝，要走过一百多道工序。接近一千度高温熔化银锭成流淌的液体，再倒筑成粗细如银筷的棍状。重力碾压银筷后，老师傅再以扳手用力拉扯延长银筷并不断细化。银丝慢慢显现雏形，但这还不够。纯度极高的白银可以拉长到一千米也不断丝，这里面的拉丝技巧只有多年制作银花丝的手艺人知道。

◎一块银锭抽成丝

道安银花丝工坊几乎是一座银矿，工人们的每一个动作都牵连着一根银丝。在占地面积约 100 平方米的地下室一层，拉丝工人正拿着两块木板缠绕麻花银丝，小隔间里的师傅们手上拿着镊子将银丝盘绕固定成形，焊接室的桌子上还置放有高温烧黑的银花丝。

一切行为都顺其自然地围绕着银丝而发生。不过与四川颇具名气的蜀绣不同，许多地道的老成都人，可能都不曾听说过银花丝这样的传统成都手艺。王晓璐已经看到太多对银花丝细腻工艺有惊讶反应的人了。人们越是惊讶，王晓璐的忧虑就越多一分，一个现实问题摆在眼前："掌握成都银花丝全部手艺的人，全国可能已经不超过

/ 女儿能继承银花丝手艺,让道安深感欣慰 /

/ 焊接 /

20个。"银花丝制作工艺繁复,非一人之力可以完成。此外,20世纪80年代,盛极一时的成都金银制品厂,所出大量银花丝摆件均用于出口,国内几乎没有销售。长此以往,或许就造就了这样一种现状——这门手艺鲜为人知,更何谈掌握全套工艺。不过,王晓璐的母亲道安,是迄今为止极少数掌握全套银花丝工艺的人,也是银花丝国家级非物质文化遗产传承人。道安与银花丝结缘,可以追溯到20世纪七八十年代。一直以来,她着迷于传统工艺品的魅力。在1980年,18岁的道安高中毕业后,考进了成都金银制品厂。

成都金银器制作的历史由来已久。在殷商时期,古人就已熟练掌握金银器物制作的手艺。金沙遗址出土的"太阳神鸟"金箔,正是古蜀人炉火纯青技艺的写照。宋朝时,金银器出现丝、片结合,银花丝的雏形逐渐出现。待到明清时,银花丝工艺已经普及开来。近现代银花丝发展几经起伏,至20世纪50年代,中国人民银行川西分行才统一招收手艺人,组建成都金银饰品店,这就是道安曾在的成都金银制品厂

/ 平填花丝技 /

的前身。

初识银花丝，道安震惊于其巧夺天工的别致造型。它不似常见首饰的珠光宝气，而是在银丝虚实之间透露出一股高贵典雅的气韵。熟识银花丝，才知美丽的背后需要手艺人付出的心力并不简单。

"银花丝，顾名思义，丝最为重要。"单是拉丝备料，前后需耗时三天，经一百多道工序。一块块银锭高温熔化倒筑成银条，由银条碾压拉至如发丝般细腻的银丝。银料抽丝，粗的仅有几毫米，细的甚至可以细过发丝。细而不断，考验的就是抽丝人的力道。入厂跟随师傅温晓秋学艺，道安极爱钻研，也正是如此才习得银花丝全套工艺。1997年后，金银制品厂效益逐渐低下，道安最终选择与同事一道离开厂子另谋出路。

但千年老手艺，十几年光阴钻研其中，道安早已放不下。她与丈夫花了六年时间将银花丝工艺体系化，并于2003年正式创立"道安银花丝"，开始了创业之路。从选材、焊接、洗色，道安与丈夫二人搭档一遍遍尝试。当时艰难，但熬过昔日所有的黯淡时刻，他们终归是迎来了黎明——订单量逐步增多，银花丝制作也成规范体系。从一个人发展至如今几十人的团队，道安用了十余年时间。她清楚单打独斗的银花丝路走起来实在太过艰难，必须是一个团队的力量协作。幸运的是，皇天不负有心人，"道安银花丝"目前在成都已经打响名气。

◎最适合的改变者

女儿王晓璐能继承银花丝，让道安深感欣慰。如她的老一辈手艺人遵循着古老的传统，而王晓璐的加入则融入了新鲜的元素。最明显的区别是，道安做的首饰依旧是20世纪的样式，形状小，无法展现银花丝精致工艺。王晓璐按照年轻人的审美，创作出了形状稍大，花样夸张多变的首饰。

不过这种打破银花丝饰品传统风格的创作，一度不被道安看好。改变源于一场展览，她带去的银花丝首饰里，女儿的作品竟一售而空。她没想到，这种与传统风格差异甚大的首饰，反而更受市场欢迎。这次展览中，道安开始慢慢意识到自己思维的局限性：市场的喜好早已改变，银花丝也是时候迎来新转变。女儿正是最适合的改变者。

大学毕业设计作品，王晓璐以银花丝为主题制作了几套首饰。手稿绘制完成，标记各类丝号，再交由老师傅拉丝打造出成品。夏季天热，工作室内不能开空调吹风扇，否则影响到空气气流，将会干扰焊接。老师傅汗如雨下，眼睛还得时刻注意银丝状态。

一旦火温过高，银丝则会烧化，火温过低则无法焊接。1000 ℃高温焊接后的银花丝表面呈锈黑色，用王晓璐的话说，黑黢黢的一块，丢在地上都不会有人捡起来。这样的银花丝后续需经过师傅们反复烧煮，方可还原银的本色。首饰成了"道安银花丝"新的发展方向。王晓璐更清楚地感受到了一个事实，器物必须贴近日常生活。唯有日用之器，才是永远的需求。诸如一件银花丝摆件，几千上万的价位可能会让普通家庭敬而远之。比如耗时 4 个月左右制一只无胎成型的花瓶，价格自然也不便宜。

融于日常生活的小物件则不一样。项链与耳环，戒指与吊坠，小件用料少，几百块的价格也不高，客户都能承受，最重要的是还能延续银花丝工艺。相较而言，这是更适合银花丝的一条路。在王晓璐身上，道安能看到自己的影子。多年前，她在街上的贝壳画中获得灵感，创作出了获国家专利的银花丝画。飞禽走兽，高山流水，皆可以银丝做成画。与立体摆件不同，平面作画用料省，制作快，封在画框更能长久保存。如今，王晓璐大刀阔斧改变首饰设计，为"道安银花丝"打开了年轻化的市场。王晓璐说："传承的前提就是生存。"如果不打开市场，那将无法生存，也根本不会有人接手这门手艺。

◎不将就，是手艺人的态度

目前工作室已经明确划分有拉丝备料师傅，高温焊接师傅等，但图稿设计依旧是道安与女儿完成。银花丝有自己的特殊之处，它就像剪纸，不能"断章"，需要节节相连才能焊接成为一个整体。这就要求设计者必须懂得银花丝工艺。通常设计新品时，道安会特别注意师傅打样的成品。造型是否过关，丝号是否用对，都需要反复考量。银丝有几十种，常见如麻花丝、弹簧丝、桂花丝，全靠手艺人手工编织。银花丝制作技法也多样，基础如平填技法、堆垒技艺，高难度如无胎成型等。

迄今为止，无胎成型技法可能只有道安一人还熟练掌握。不依托胎底，银花丝无胎成型全凭手艺人"凭空"打造。它的难度在于手艺人在设计过程中，必须将一件立体作品分拆为无数个小平面设计稿，最后将小平面拼接还原为立体物件。王晓璐笑

/ 银花丝技法多样 /

着说："无胎成型太难，需要极强的设计功底和空间构想能力，我到现在为止也没学会这门手艺。"

与工作室的发展并不同步的是银花丝的实体店。开店是王晓璐一直想做的事情，奈何母亲觉得银器开店风险过高，所以这事一直搁浅。机会在 2012 年到来，文殊院邀请非物质文化遗产手艺人入驻，王晓璐觉得时机到了，反复说服母亲道安尝试走出了这一步。开店的反响相当好。人来人往的客人就算不买，但只要进店就可以了解这样一门传统手艺，宣传推广便可以在无形中进行。王晓璐可以慢慢讲述成都银花丝 1700 年的技艺传承，也可以厘清南北派别银花丝的工艺差异，反正多一个人听到，也就多一个人知道。

传承至今的银花丝依旧保持最初的手工制作工艺，但因为工艺复杂，成本高昂等因素，曾经的荣光也一去不返。王晓璐不愿银花丝在她这一代失传，政府在抢救非物质文化遗产，而她也从未墨守成规。工艺上，她依旧保持成都银花丝的素银

/ 月满繁星坠 /

/ 青金石牡丹香薰 /

特色，但同时也在尝试融入北派烧蓝、镶宝等技艺。因为年轻，她更懂得贴合年轻人的兴趣设计出符合时下审美的物件，也懂得利用微博等多种网络宣传方式拓展销售渠道。

接过母亲手上的重担，王晓璐想做的事情还有很多。她说，她想要让更多人知道银花丝，她要"将'道安银花丝'品牌打造成中国的银花丝'蒂芙尼'"。

画笔
时光

一笔一画细琢磨，匠人深耕慢时光

从写作到出版，
用内容打开新世界

职业写作人、出版人 考拉看看

创立于成都的考拉看看团队似乎在复制三十年前海岩、马未都、王朔、莫言等作家干的事情，但这个团队又和当年的『海马』有很多不同，它现在是很多畅销书的幕后操盘手，既帮人写作，也帮人出书出作品。在写作和出版这两个超级细分的行业，考拉看看正用独创的方法和体系，帮助更多人和机构打开内容和品牌新世界的大门。

◎ 写作的手艺与生意

写作是一门手艺，也是很多人的生意，它和制壶、刺绣一样，传承手艺、做好生意，自然而然。

写作一直以来好像都是个人化的事情，带着极强的文化和个人色彩，把作家的手艺和生意连接在一起，初看似乎不太合适，但仔细研究今天的内容市场，定制化的写作服务正在蓬勃发展。此观点稍后再做分享，作家的手艺变成生意其实不是什么新鲜事儿，先说一个故事。

时间倒回到 1989 年 1 月 12 日，当天的《人民日报》有一篇报道，标题是《海马影视创作中心在京成立，一批中青年作家进军影视界》。这篇报道的主角们今天可谓

/ 联合创始人马玥 /

超级"网红",比如莫言、王朔,还有刘震云、海岩、马未都,而当时他们和另外几位同样刚刚崭露头角的作家一起,成立了一个叫海马影视创作中心的实体,市场化生产和出售影视作品。

众所周知,这几位作家在此之后,逐渐走红,是手艺的成功,也是生意的红火。

2014 年,在成都组建的考拉看看团队和当年初创的海马影视创作中心非常相似,都是新生代作家聚在一起,比如出版人兼作家马玥,现实主义题材作家麦地,财经作家熊玥伽、姚茂敦……这个团队同样持续生产优质的内容,进行市场化运作。和当年"海马"的商业逻辑不同的是,考拉看看定位是直接为用户提供定制化的写作服务。

什么是定制化的写作服务?

互联网时代节奏很快,而优质的内容需求极大,很多人想写作,但是没有时间写;有些人有创意,而落笔成文,则需要有人提刀;有人想写回忆录,可是年事已高,需要有人整理;有人想把自己的经验和研究做成畅销书,而隔行如隔山,必须有懂写作懂出版的人出谋划策,代为执行;还有一些机构,希望把各种题目和题材,做成市场需要的内容,此时都需要专业的创作人员来助力。

每一个用户的需求都是不一样的,个性化的定制写作应运而生。委托考拉看看创作内容的既有个人,也有公司,还有政府部门。

懂写作,根据市场需要,向定制客户提供优质内容,这是考拉看看的生意。它和当年"海马"面临的市场环境也不同,考拉看看面临更旺盛的商业写作市场,更加蓬勃的经济环境。

自创立之初至今,考拉看看的订单几乎总是在排期,有人找考拉看看写回忆录,有

/ 考拉看看创作者在成都中心的第一个办公室（左）、第二个办公室（右）/

人找考拉看看写企业史，还有人找考拉看看写小说、写剧本、写研究成果转化的畅销书……

◎认识考拉看看

更加简单直白来介绍考拉看看，考拉看看是一个团队的名字，是一群作家、出版人，还有热爱内容行业的人组合在一起，主要工作就是受委托创作内容，写书，出书。

今天考拉看看的团队成员，一群不同方向、不同领域的作家、出版人和研究员聚集在一起，正持续精进写作这门手艺。时间总是会大大奖励努力的人，当年创立"海马"那一批人的今天，也许就是考拉看看团队成员的明天。

/ 考拉看看创作者成都中心第三个办公室效果图（左）、考拉看看创作者重庆中心（右）/

考拉看看这个名字因何而来？团队的联合创始人之一考拉马说：内容这个行业，需要静得下来，像考拉那样。

考拉看看把考拉作为吉祥物，有人说考拉一天睡 18 个小时，是不是有点懒惰。考拉看看的一位作家则说，能把睡觉这件事情坚持好也是不容易的，有多少人可以坚持每天睡 18 个小时呢？考拉吃素只吃桉树叶，桉树叶有毒，考拉能适应下来，是有超强消化能力的。

考拉看看成立的时间从 2014 年 8 月 19 日开始，当时是在成都东门莲桂西路一个小院，只有一张用五层板搭的桌子，条件异常艰苦，而作家们用作品说话，如今五年过去，团队不仅在成都站住脚，还走向全国，成为这个细分领域的佼佼者，从一只考拉，变成了一群考拉。

何谓佼佼者？几乎中国主要城市的每一个城市书店都能看到考拉看看的作品，考拉

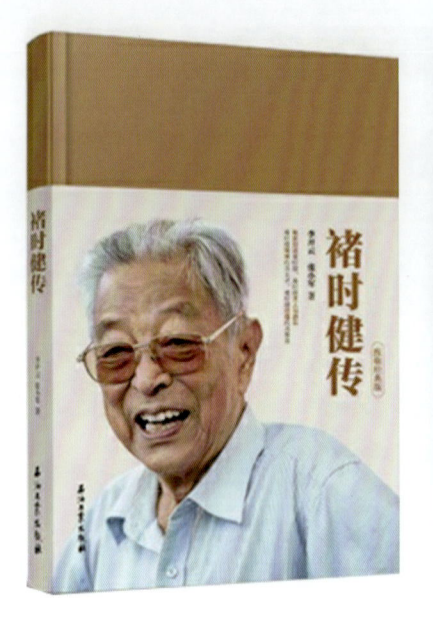

看看的原创内容总监考拉熊说,每年团队受委托创作大约 2000 万字的作品,然后出版大约两百部受读者欢迎的书,还有很多衍生品。

"五十位全职作家和一百多位签约作者,每天都在认真写作,我们大约排在行业第三吧,但第一第二我们也不知道是谁!"

有人经常打着"飞的"到成都和考拉看看谈合作,希望请团队写作,所以后来考拉看看干脆就在北京、杭州、重庆和西安等地设立了分支机构。

同样是写作,有人妙笔生花,有的作品却乏人问津;有人写一本书可能要花很多年,而考拉看看的团队最高纪录是三天写完一本,而且达到畅销水平。

考拉看看的写作究竟有什么秘密呢?为什么有那么多的人要找考拉看看做写作呢?

/ 考拉看看作品·褚时健系列 /

◎一半商业一半理想

考拉看看团队受委托写作的第一个对象是中国企业家的典范——褚时健先生，这一案例的写作像是雕刻，一点一点描出轮廓，刻画出细节，描绘出内心，深入骨髓，传承思想。

有人评价考拉看看写作的《褚时健传》，是别具一格的传记，像是林语堂写的《苏东坡》，它不是一个人絮絮叨叨的一生，从出生到死亡，竭尽全力去表达与展现，而是细水长流，一个片段就能看出人物的内心，一个故事能展现人物的思想。

《褚时健传》成为畅销书作品，但从文字到畅销书，中间的运作过程甚是复杂，而结果是多方满意。考拉看看团队一直在推动褚时健品牌和褚橙文化的传播，创作和出版的相关作品已经超过十部，比如《褚橙方法》《褚时健管理法》等。

"我们有一半的作品是受委托创作，是商业写作，还有一半的作品是基于我们对内容市场的判断后去写作和运作的作品，也可以说是我们的理想方向。"考拉看看联合创始人考拉马曾总结，考拉看看要坚持记录历史，改变中国写作者的命运。

并非所有的记录都会成为畅销作品，但历史总是需要有人去坚持记录的，所以考拉看看内部有一个中心，专门负责东方口述史项目。这个中心一直在帮助很多人做口述历史和回忆录，对于个体来说，历史的全部就是回忆，而这些回忆累计起来就是国家历史。

从名人到普通人，所有人在历史面前，文字记录都是最基本的表达方式，所以考拉看看一直在鼓励更多人参与写作，甚至成立了内容学院，既对内培训作家，也对外培训写作爱好者。

时间带有缺憾美，这一秒的时间，在下一秒便不复存在，这一秒也就成了永恒。作品是唯一能够留存时间的手段，而文字作品天然带着墨香，带着温度。

考拉看看团队从 2015 年开始研究和写作台湾诚品书店创始人吴清友先生的故事，原计划是希望成稿后能够请吴先生审阅作品，但 2017 年 7 月 18 日，67 岁的吴先生突然去世，而此时考拉看看创作的《一座书店一座城》刚刚完成。

"考拉看看总是在和时间赛跑，感觉时间会很不够用，太多的内容需要记录下来。"考拉看看的联合创始人考拉李本人是一位传记作家，一直致力于现实主义题材的写作。2019 年看了《攀登者》之后，他立即抽出时间前往西藏，去记录为攀登珠峰者做向导的一群人，后来成书《我在珠峰当向导》。

无论是做商业还是做理想的内容，考拉看看都在致力做市场需要的作品。写作看起来是一门手艺，而要把它变成一门好的生意，能写是基本功，写好的同时还需要很好的策划和运作。

/ 考拉看看成都中心内景 /

◎ 从写作艺术到写作技术

写作是一门艺术，也是一门技术。

"今天我在考拉看看读书。"这一句话，在写作者笔下，如果变成技术化的表达，要写成："2019年10月16日，我在位于中国四川成都的考拉看看读书，书的名字叫作《努力刚刚好》。"

为什么要明确一个时间和地点呢？"今天"在现在看来是"今天"，像新闻写作，一旦拉长时间，一年之后呢？十年之后呢？新的读者来看这些内容，当时间更为明确的时候，读者读起来就会更轻松，判断信息更简单。

在考拉看看的写作手艺人眼中，写作是艺术，又是技术。

/ 考拉看看创作者成都中心城东分部 /

每年，这里诞生 2000 万字的作品，触及全球化的顶级商业案例研究、名人传记、个人的口述回忆、经典历史人文故事……写作者将写作变成一门技术，意味着这项手艺将在不远的未来变成一种可期待的商业形态，写作将万物背后的文化内涵与商业相结合，意味着传承与发扬光大。

写作是一门细活，需要多个写作者分工协作。

在考拉看看的写作服务体系中，写作者在一个大的体系里同步运转，彼此间的合作像是灵动的轴承，高速运作，有序而高效。

举个例子来说，考拉看看原创中心写作商业案例浙商企业家作品时（作品名称为《鲁冠球：聚能向宇宙》《宗庆后：笃行者》《茅理翔：创业式传承》《沈爱琴：丝路勇者》《徐冠巨：高瞻远瞩》），整个写作团队经过长时间的实地调研，采访还原，有人负责理论模型的抽离，有人负责框架体系的搭建，有人负责故事化的表达，有人负责历史背景的还原。

写作中国金融学泰斗曾康霖先生个人传记，前后经历四年时间，考拉看看团队遍寻传记主人的记忆，他儿时生活过的地方，他年轻时工作过的地方，他的母校，他的同学，他的学生，每一处记忆都是写作者必经之处，最终呈现出来的作品是反映中国金融改革发展的个人传记《知行金融：

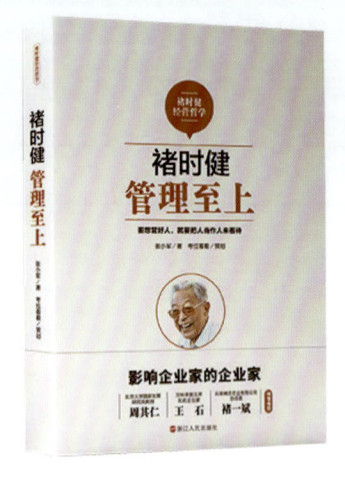

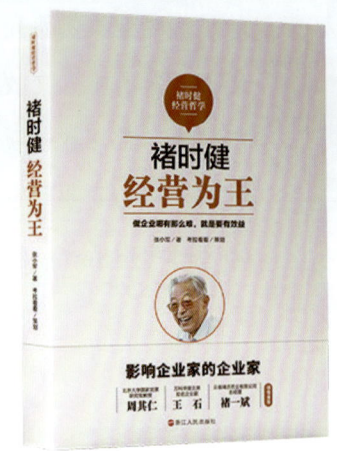

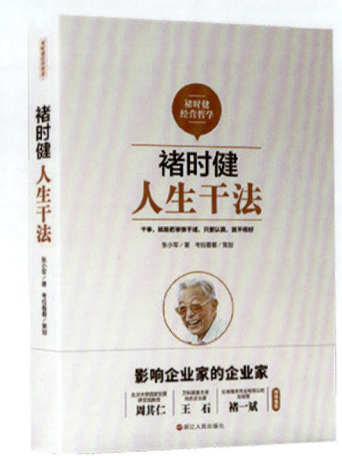

/ 考拉看看作品"褚时健系列""浙商系列" /

曾康霖》。从个人命运到国家历史，作品是作家的标签，读它就像是在读中国金融发展史。

考拉看看在写作人物传记时，几乎都会重回历史现场，这是方法之一。如果说人物传记和企业史的写作是记录历史的写作，尽力回到现场，充分表达，即可交出满意的答卷，那么人物精神和企业行业的价值探索，明显会更考验写作团队的研究功夫。

考拉看看的作家们如何达到研究的专业级别呢？考拉看看建立了系统的专业研究机制和方法体系，既可以做到研究深入，又可以做到内容表达浅出，比如《褚时健管理法》《5G时代》等畅销作品，还有腾讯系列作品、阿里巴巴系列作品，就是典型代表。

褚时健先生之子、企业家褚一斌评价说，有人写书写出轮廓，有人写到皮肤，有人写到骨子里，考拉看看写作的《褚时健管理法》就是这种写到骨子里的作品，这还得益

于团队多年对褚时健老先生个人传奇经历的感悟与体会。

写作这门古老的手艺，多数时候是一个人在战斗，而"考拉看看优质内容标准创作技术"正在改变传统的写作，帮助那些想写但无法去写的人创作作品，很多人和机构的想法被快速创作出来，然后做成畅销书和其他内容衍生品。

考拉看看正在建立全新的写作方法论，写作往往是一个人的战斗，而考拉看看团队则正改变这个行业的规则，将它变成一群人的协作，用全新的创作方法与体系来创造内容产品。

◎ 从写作到品牌运作

如果你去"考拉"看一看，只要 5 分钟你就会重新认识内容这个行业，而通过考拉

/ 并肩作战 /

看看团队的助力，不会写作的人也有可能成为畅销书作家。

孙子兵法讲，谋定而后动，写作看起来是把内容聚集起来，提炼表达，但为谁而写，如何来写，都是需要策划的。

今天的中国和三十年前的光景已大不一样，互联网带动下的知识付费正在改变诸多作家的手艺和生意，王朔、刘震云等作家之所以能走红，除了他们能写，同样重要的是他们懂得运作，把写作这门手艺变成了超级生意。

如何写作？如何运作？无论是前者还是后者，都是专业的问题，而专业的问题交给专业人士来解决，这是社会发展，更是细分领域的必然选择。

从人到作品再到品牌，写作成为最底层的逻辑。不过，正如钱钟书所说："我们常把自己的写作冲动误认为自己的写作才能，自以为要写就意味着会写。"

写作如此，运作亦如此。

找到考拉看看合作的人和机构都有一个共同诉求，通过联合创作优质内容，实现品牌提升。

考拉看看每年向中国一家著名的内容机构持续输出定制化的内容，这家机构已经成为中国深度内容的代表之一，而外界并不知道，考拉看看的团队是幕后推手。同样还有多位知名作者，他们的创作都得到了考拉看看的助力。

2019年，四川省地方志工作办公室和四川省林业和草原局联合推出的中英文双语《大熊猫图志》在全世界引起轰动，这部作品是这两家机构联合考拉看看团队全程在创作和运作。

"内容市场正在发生巨大的变化，类似区块链的去中心化，越来越多的个体品牌将崛起，从个人到企业，内容都是品牌的最好加持方法之一"，考拉看看的商业内容运作核心是基于对内容和内容人的品牌打造。

写作这门古老的手艺历经时间检验，作品是否受到读者欢迎才是它的核心，考拉看看累积的经验之一是非常了解读者，知道读者需要什么，所以从写作到品牌运作，可以打动用户。

◎用语言建设一个理想的世界

有人写作一本书拿到数百万元稿费，有人一个课程变现了数千万元，写作这门手艺似乎从来没有像今天这样被关注和重视。知识付费，网红个人品牌，优质内容变现，机构形象提升3.0……这些商业新物种都需要优质内容的支撑。

考拉看看这个团队在2018年完成新一轮的融资，说服投资人的谈话大约只用了几

/ 并肩作战 /

分钟,现场说了什么,只有投资人和几位创始人知道,对于那场谈话,双方轻描淡写,都说是看好内容市场。

考拉看看这群人写作的是记忆,写的是历史,写的是经历和经验,是时间的故事,是价值的传递。

如何证明我们经历过?那些被串联起来的记忆是最好的证明。如何串联记忆?写作既是一个容器也是一个通道,可以盛放记忆、故事和时间,也可以传递思想和价值。

结绳记事,甲骨著文,那些穿越时间的记忆在过去数千年来一直以图书的方式得以传承,即便今天的互联网带来众多的表现形式,但万变不离内容源,优质的内容源。

考拉看看的成员们正用语言来建设一个理想的世界。

天地之大万物生,创生万象有通灵。

用笔书写万物,用心感受通灵。

做一个时间的手艺人,用文字开出一朵盛夏的花朵。

"刀光剑影"堆花簇，
游戏画间抹金沙

堆画手艺人　Matt（加拿大）

Matt 并不是一个爱好舞刀弄剑的人。虽然他确实是拿着一把刀在画布上绘画，但不可否认他把这把刀用得恰到好处。他有计算过，过去的二十七个月，他一共卖掉了两百一十四幅画。但是直到现在，他是一个毫无绘画底子的人，不过这并不影响他创作，也不影响有人欣赏他的画作。「假如你去画展，我敢拍着胸脯保证，整个画展最与众不同的那幅画，一定出自我的刀下。」

◎画作刀上走，花朵刀尖留

一刀，一勾，纸上生花。

一推，一挤，花团锦簇。

刀走画留，却又不是中式绘画般挥洒自如，这便是加拿大画师 Matt 的作画日常。

不要误会，Matt 并不是一个爱好舞刀弄剑的人。虽然他确实是拿着一把刀在画布上绘画，但不可否认他把这把刀用得恰到好处。

结果是显而易见的。与他同行业的人都知道，现在原创艺术品难售。很多宾馆酒店

/ 油画布上铺纸，颜料堆起，用刀作画，力道集于刀尖，画道全在于意念 /

或者个人的新家，基本挂着的都是印刷作品。少有人愿意花成千上万去买一副原创的画作。不过 Matt 发在朋友圈的画有时仅十来分钟就有买家找上门。他有计算过，过去的 27 个月，他一共卖掉了 214 幅画。

但是直到现在，Matt 连草图都不会画。如果从专业上来讲，他是一个毫无绘画底子的人。诸如素描、写生，他完全不在行。不过这并不影响他创作，也不影响有人欣赏他的画作。"假如你去画展，我敢拍着胸脯保证，整个画展最与众不同的那幅画，一定出自我的刀下。"

灵感大概来源于房屋装修。2000 年之前，Matt 在故乡加拿大曾有一家建筑公司。他当时接手的工程就是给老旧大楼做翻新，包括选择底板，做颜色搭配的相关设计。那时常见的场景是：手握一把泥子刀，一整面墙都是他"指点江山"的场地。

当时 Matt 不会想到，十四年后的一个夏天，他会拿着一把刀开始作画。但他明显感受到了一点，他刮墙的手法和作画基本无异。其实很多画家都会有这样一把刀，行话叫作调色刀。他用刀作画，稀奇的不是工具，而是他的作画手法和独家秘诀。据他所知，没有人像他这样画画。

油画布上铺一层纸，纸上作画做纹理。刀锋蜻蜓点水般扫过丙烯酸颜料，红色、黄色、白色，比例把控全凭 Matt 掂量。然后力道集于刀尖，手腕着力，轻轻点压，便画出了三片立体花瓣。待到颜料阴干，纸上覆上一道独家秘方，画作层层叠加，富有递进感的色彩层次开始显山露水。

秘密藏在每一层纸上，Matt 故作神秘地笑道："只有跟在我身边，才能寻得秘方。"

◎唯一具象画，他在画青铜

在 Matt 手上几乎没有画错的画。抽象派的绘画风格给予了他创作上的空间与更多可

/ 工作室承载了他所有的想象，形于纸，画在心 /

能，就算一笔一画中色彩绘错，他也可以用独有方式层层覆盖，或者是拆解为成千块方形拼图，改做成完全不同的另一幅画。

但其实，绘画于他完全是一个误打误撞的开始。2015 年的夏天，跟着徐悲鸿传人学画的儿子 Nathaniel 需要开画展。Matt 看着儿子要准备三四十幅画一时忙不过来，于是拿起刀便开始了创作。

可能在某个瞬间打通了任督二脉，Matt 操刀作画竟然莫名有了些自己的固有手法。如果可以穿越时空，他会发现那天挥刀作画的光景，与他多年前在加拿大刮墙有着些异曲同工之妙。

他没有任何老师指导，全凭自己洋洋洒洒纸上作画。"我整个绘画过程都是独创的，所以我的作品非常独特。有时我在油画布上铺一层纸，纸上作画做纹理，像实验一般，无人绘画与我相似。"

/ 堆画作品局部 /

Matt 说，在他四年绘画历程中，有关川地的画作只有两幅。唯一两幅具象画，是重达 25 公斤的青铜面具。颜料一层层堆积，青铜色氤氲出的古老气息留在画板上，仿佛流传出一个古蜀文明的传奇。

累积色彩，就像是修筑城堡。画师要在面具骨骼的经脉走向上，延伸出一种沟壑纵横感。刀锋片过面具脉络，层层推动刮出轮廓。Matt 靠一把调色刀晕染出青铜古韵，颜料的颗粒感里是光色与纹理的融合。

面具上两道眉峰向上扬起，看似寥寥数笔却苍劲力骨顿显。152 层颜料像是千层酥饼，道道覆盖。

他一刀刺过一幅青铜面具画，银白泛光的刀片上残留着尚未干涸的红色、白色等丙烯颜料。随即，他晃动刀片，如修颜幻术一般轻轻抹匀那道痕。在 Matt 这里，游戏画间的方式就藏在每一层堆积的颜料里。

站在古蜀文明的另一端，Matt 试图撩开一层面纱，探寻面具背后的神秘魅力。三星堆、金沙文化，身处异域一隅的他独独痴迷着这片古老的东方土地。他甚至幻想着，这里千年前的模样是哪般。

◎ 这里是"藏起来的果酱"

Matt 确实幻想过，他甚至还出版过五本与三星堆、金沙文化故事相关的作品。

作为地道老蓉漂，他有足够的资历向别的老外炫耀自己的蓉漂史。

2000 年，那时成都的三环路还没轮廓，二环高架还没修建，春熙路仿佛也还只是个夜市。现在的灯火辉煌是二十年前从不曾遥想的场景。

Matt 用"酷"定义他看到的一切。当时他刚从上海来到成都，在水电学院附近经营着一家加拿大商务机构，全职做教育管理。初来乍到总归会带着些新奇，他曾有一次坐巴士去到都江堰，整个村子的孩子都围着他这位老外。

多年过去，早已拿到中国绿卡的 Matt 回忆着这幕场景，感叹道自己也是一位老成都了。

后来 Matt 还曾在广汉一所大学里当老师，午休时候他常会跑去鸭子河南岸，去看看距今千年的古蜀文化遗址。

石破天惊的发现，不过源于一次偶然。1929 年，广汉当地农民燕道城在淘沟时无意发现了一坑玉石器，自此三星堆考古工作开始揭开帷幕。古蜀秘宝中的青铜大立人，青铜神树在北纬 30°掀开了神秘莫测的面纱。

提起三星堆，Matt 的话语显然更多，"我去的不只是三星堆博物馆，而是整个三星

/ 作品《四季》系列—春天 /

/ 堆画作品《花的抽象黄芽》（局部）/

堆的遗址。当时很多外国人并不知道在哪里，但我知道。"这太罕见了。不知流连河岸多少遍后，Matt 心里忽然生出了一种浓重的信念。他顺随着青铜面具开始往后探寻，探寻着"他们从何而来"，一度还以英文幻化出了面具后的科幻故事。

青铜古朴，遗址泥沙，斑驳而带有东方韵味的传说开始在 Matt 手上蔓延。

2001 年，初入蜀地，他的笔尖也随即围绕着古蜀千年文明而展开。当时所作不是画，但英文单词遣词造句下的世界却又是另一幅画。

"往深处看，文字和画一样，都藏着不同的故事。"Matt 惯用金色和青铜色，对称式的构图思路里藏着他的绘画风格。画架抛开，长桌上铺开一层层纸，具象的花朵抽离成意象，或成了蝴蝶，或成了精灵。

倘若拿着显微镜去探秘道道颜料的排列组合，Matt 说在他的画里，藏着的是每一个人不同的生活经历。

二十年过去，Matt 在成都安家立业，还拥有了一对混血宝贝。闲暇时刻，备一碗盖碗茶，饶有兴致地燃上一段香，在四川成都，在这个被他誉为藏满了果酱的地方，他一刀一画，为生活涂上色彩。

铜勺为笔，
糖汁作画

糖画传承人　陈启林

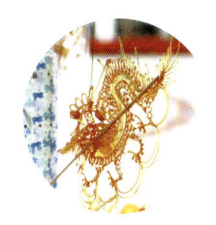

金黄的糖块往铜瓢里一放，高温一热，糖香四溢，糖块慢慢融化成糖汁。陈启林掂起小铜勺，盛糖汁往洁白干净的大理石板上抖几笔，一只蝴蝶糖画就栩栩如生立在眼前。

陈启林曾对儿子说，"你以后可以不干我这一行，但是你得学会做糖画。"多一人学会，糖画传承下去概率就更大。作为糖画非物质文化遗产省级传承人，陈启林渴望以自己的力量唤起更多人对糖画的关注，"我希望在很多年以后，糖画也有自己的一席之地，而不是湮灭在历史中，悄无声息地就没了踪影。"

◎ 一把铜勺做画笔

陈启林做糖画三十七年，脑海里想出一个模样，铜勺一掂，这模样就成了糖画。他常在塔子山公园，守着自己的糖画摊。小推车很方便，陈启林张罗着搭好摊子，等糖块融化，他拿着铜勺就可将花鸟鱼虫尽落在大理石板上。小摊两边的小转盘上，描绘着蝴蝶、凤凰等各种花样。拨动转盘，箭头停在哪个图案上，糖画艺人就做什么图案。这样充满童真趣味的游戏方式，颇得孩子们的欢心。

"大货、子货、丝丝货；画龙、画凤、画蝈蝈。"旧时的吆喝顺口溜顺着绵延的时光轨道，流传到现在。曾经的糖画艺人挑着担子走街串巷，吆喝几句，聚集的人多了，则就地摆摊做买卖。20世纪80年代，实在没钱的小孩，会偷挤出家中没用完

/ 代代相传，糖画手艺人的功夫是老祖宗赋予的魅力 /

的牙膏，用牙膏皮去换糖人，两管牙膏皮可以换个孙猴糖人。即使他们被家长发现，挨一顿打也咂巴着嘴巴，觉得甜。

一代代传下来，从糖饼到如今的糖画，街头艺人手上功夫依旧有着让人难以抗拒的魔力，吸引不少人驻足观看。幼时的陈启林便是被糖画手艺人的手上魔术深深吸引住。

1979年，陈启林从资阳老家辗转来到成都。老成都的街道两边，熬糖的香味牵起了一段缘分。陈启林住的字库街与糖画师傅蔡树全的仁厚街恰巧是对门，蔡师傅挑着担子在街头出现时，总少不了陈启林小小的身影。他会抢一个好位置，控制住在嘴巴里跑趟儿的口水，全神贯注地盯着师傅挥洒自如的双手，"一下就是一幅画，太神奇了"。陈启林没想太多，一个人屁颠屁颠地跑去对门蔡师傅家里——他要拜师学艺。老师傅低头告诉他，"要经过家人同意才行咯。"陈启林叫来奶奶，一本正经地说，他要学糖画。

于是，在1981年，爷爷奶奶帮忙着张罗摆酒，13岁的陈启林正式拜蔡树全为师学习糖画。他的糖画从艺之路，就此开始。东湖公园的湖水波光粼粼，白鸽扑棱着翅膀在草坪边啄食。陈启林收回目光，指着粘糖画的一把竹签说道，年少学糖画时，这样一根根竹签全是学徒们自己手工削制而成。当时师傅买了一堆划成块的竹子，他就坐着削了一根又一根。很枯燥，但师傅告诉他这是基本功，不得偷懒。

如今，竹签早已过了手工削制的年代，糖画也有了专门制作的机器，但却始终无法替代民间手艺人的糖画的味道。

◎横空出世一条龙

糖画，是美食，也是艺术。陈启林拜师后，前三个月都在学习铅笔画。花鸟鱼虫，

/ 运勺如飞 /

他在画本上描摹了无数次。当画工渐长，陈启林窃喜自己终于可以掌铜勺做糖画时，师傅却语重心长地说："别急"。1981年的整个冬天，陈启林从铅笔画转至接受师傅的熬糖培训。熬糖是糖画最重要的一步，白糖、麦芽糖与水以一定比例混合，用高温熬制一定时间。"糖熬得不地道，做出的糖画颜色、口感都不好"。现在的陈启林，只需要稍微看一下糖块的颜色，就能猜测出糖的熬制欠缺了什么。此外，熬糖作画也得把握时机。熬得太热则稀薄不成形，冷了又太硬无法勾勒形状。

当年是六个炉子轮番熬糖，大锅换小锅，小徒弟陈启林守着炉子盯着火。糖熬好了，就是倒糖饼。"倒糖饼是基本功，糖饼倒得好，糖画才做得好。"一勺糖汁倒十个硬币大小的糖饼，糖丝不牵连，糖饼干净利落，基本功才能达标。

说罢，陈启林拿着铜勺一倒，刚刚融化的金黄糖汁便滴落在大理石板上；一压，糖画瞬间薄如蝉翼；一掂，糖汁又顺滑滴落；最后手一顿，多余糖汁便收回勺中。他拿铜勺的手在石板上飞速来回，如行草书般肆意潇洒。画糖人要眼明手快，一气呵

/ 新的糖画即将诞生 /

成。黏稠的糖画在冰冷的白色大理石板上迅速降温凝固，粘上一根竹签，用小铲刀将糖画铲起，游客就能拿在手上一面观赏、一面品尝。

陈启林是年纪最小、入门最晚的徒弟。那时他每天听鸡鸣、披月归，反复练习熬糖、倒糖饼。三年出师后，他的糖画功底竟也不比师兄们的差。

1988年，北京建国饭店举办"第二届全国烹饪大赛"，陈启林与师傅代表四川队受邀参加比赛。比赛第二天凌晨，东边晨曦微红，陈启林与师傅齐心协力完成了一条2米长的实心巨龙作品。糖龙在当时引起了不小轰动，最后他们毫无悬念地夺得了特技表演奖。

这条龙正式打开了陈启林的糖画生涯，他从此迷上了做糖龙。1989年，在老文化公园的春节灯会上，在师傅蔡树全的带领下，陈启林做龙骨架，钢筋焊接是糖龙最难的部分，并耗费3吨白糖，完成大部分上糖工艺，最后与一众糖画师傅打造了这条长20多米的糖龙。当年的灯会期间，巨龙就是最夺人眼球的标志，人们纷纷排长队和巨龙合影。但留在陈启林记忆最深刻的糖龙，却是另一项名为"九龙壁"的作品。他以北海公园的九龙壁为创作原型，龙的姿态威严，气势凌厉不凡，陈启林就将九龙壁还原成一幅幅栩栩如生的糖龙。

灯会与糖画结合，打开了糖画新的发展方向。1991年，陈启林开始跟着师傅在全国各地承接灯会活动，并全权负责糖画展品的板块。在师傅的带领下，虽然陈启林每天东奔西跑，但生活有一定保障，他只需要专心做糖画。糖丝缕缕，糖香满溢，陈启林在铜勺倒压掂顿间，品味自己的糖味人生。

◎想把这份甜蜜传下去

但不管是否情愿，生活的重担开始压在陈启林肩上时，守护糖画也成为他心中摇摇

/ 栩栩如生的龙 /

欲坠的梦想。

2004年，陈启林结束奔波状态回到成都，寻觅一种安稳的生活成了他当时最渴望的追求。他在学校旁、公园里都摆摊售卖过自己的糖画。"甜食是人们最简单最初始的美食体验。"但大人们通常图个新鲜，看几眼就走了，只是小孩子仍喜欢这甜甜口感又好看的糖。

糖画的辉煌早已不再，街头巷尾转糖饼的盛况也已是过去时。陈启林要想继续守着这个摊子，就意味着日子只能在养家糊口的边缘徘徊。一幅普通糖画价格10元，一天下来最好也不过几十幅的销量。每年只有碰上儿童节、春节时，糖画摊的情况会稍有改观。陈启林也曾想过，"干脆不做糖画了"。

但他冷静下来仔细琢磨，却发现除了糖画这门手艺之外，他也不会其他技能。为了守住糖画摊，他做过滴滴司机，也去剪过草坪。这一路下来，他杂七杂八的活都

/ 做好的糖画 /

干，只为坚持自己的初心。

几百年的糖画传承遇上飞速发展的时代，陈启林在思索，如何能让糖画杀出一条生路。他盯着铜瓢里熬制出来的晶莹剔透的糖块，脑中的思路也在逐渐清晰。糖的类型，决定了糖画的口味，陈启林就在原材料上做创新；糖画样式总是传统的花鸟鱼虫，他就结合孩子们当下喜欢的动画片角色做改变。于是，有了巧克力、薄荷之类的新口味，小猪佩琪、机器人等新的图案逐渐在他的糖画摊上出现。

四川人的儿时记忆总或多或少伴随着街边糖画的影子，陈启林试图通过创新来吸引行人的眼球，不仅找回大家童年的美好记忆，也能让家乡人看到糖画的新颖与改变。

"但现在毕竟不是从前了"，陈启林在铜勺起落间感叹，但他茶褐色的瞳孔里又有一丝豁达。他前后收了几十名徒弟，虽然最后真正坚守糖画的没几个，但值得欣慰的是，他至少把糖画技艺教给了更多人，包括他的妻子、儿子。

陈启林曾对儿子说，"你以后可以不干我这一行，但是你得学会做糖画。"多一人学会，糖画传承下去概率就更大。作为糖画非物质文化遗产省级传承人，陈启林渴望以自己的力量唤起更多人对糖画的关注，"我希望在很多年以后，糖画也有自己的一席之地，而不是湮灭在历史中，悄无声息地就没了踪影。"

懂得生活，
再懂得设计

空间设计大师　欧阳杰

> 街上迎面走来的年轻小伙，路边小狗摇晃着的毛茸茸尾巴，低矮住宅楼厨房飘出的饭菜香味，夜里楼宇间升起的雾气，这些不经意的一瞥，说不定都会成为冲击灵感的一瞬。没有灵感时，欧阳杰习惯放下手中工作，在成都街头走走。"先去生活，说不定想法就出来了。"

◎成都人爱晒太阳

这是欧阳杰来成都的第十二个年头。

说起来，台北出生的欧阳杰与成都渊源不浅。他的父亲祖籍便在成都，后来，两岸因一湾海峡遥遥相隔。

2008年汶川地震，彼时随叔叔来上海开设计分公司的欧阳杰，牵挂着西南边陲的城市，内心笃定：该是回成都的时候了。买了从上海来成都的单程机票，这一来欧阳杰就再没打算离开。带着建立分公司的任务，欧阳杰来到成都，但由于他习惯了严谨的工作氛围，初来乍到，对成都当地的生活及工作习惯大跌眼镜。太阳出来了，哪怕是上班时间，员工也要去晒太阳。偌大的会议室从未有人来，客户谈业务便约

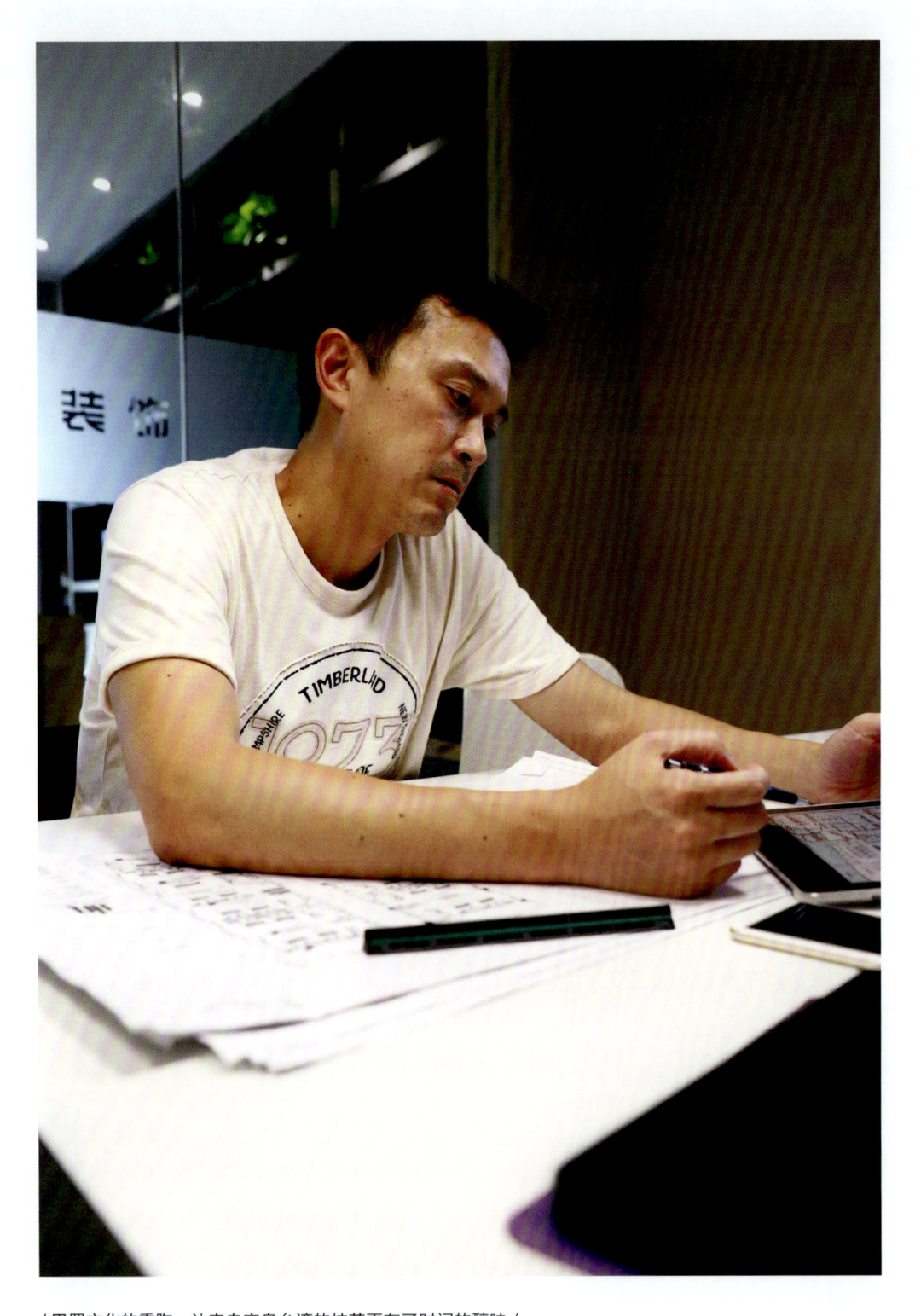

/ 巴蜀文化的熏陶，让来自宝岛台湾的技艺更有了时间的醇味 /

茶馆、餐厅。

好在设计师擅于入乡随俗。经过多年巴蜀慢文化的熏陶，现在欧阳杰也习惯在餐馆中，选一块挨着向阳透明玻璃窗的桌子做会儿设计图，再约客户谈谈合作计划。初见欧阳杰便是在太古里的一家创意川菜馆中他打扮清爽，着一身衬衫体恤，谈话声音温文尔雅、慢条斯理。

这家川菜馆的设计就是出自他手。近年来，欧阳杰没事就爱在太古里逛，最前沿的设计风格聚集在各大奢侈品牌店中，那些印刷在时尚杂志里的图片在这里复活。但欧阳杰设计的这家川菜馆走的不是时尚路线，而是"老成都"的韵味。落地玻璃窗环绕整家餐厅，客人推开大门，如步入旧成都的宽窄巷子。庭院深深深几许，斑驳的灰色砖墙，阳光透过巨大的环绕玻璃采光立面打在灰墙上，让人想打开古旧木门，一探院内春色。

园中园，景中景，是欧阳杰对于这家餐馆的设计理念。无论打开哪扇门、推开哪扇窗，都会置身于新的室外场景中，房间里似乎还有另一座房子，像拆不完的礼物盒，获得吃完一颗又一颗巧克力的欣喜。大厅中摆放的木头由欧阳杰从云南淘回来的。当河流上游的老树轰然倒下，随着溪水漂至狭窄的河道处时被拦住，这块木头经河水长年累月的冲刷留下深浅纹路。欧阳杰把它放在前厅中，作为"镇宅之物"，增加厚重感。富有四川味道的设计也有，欧阳杰似乎深谙蜀人吃饭总少不了几碟泡菜，于是布置几件泡菜坛，往里插数支干花布置在餐厅侧门的后花园里，既有生活气息又带些俏皮感。

灵感来源于生活。在来成都前，欧阳杰曾在上海待了六年，有四年住在环海公路的弄堂里。

他回忆，老上海是暗调的，弄堂也很狭窄，住户之间的距离很近。他和太太住在弄堂三楼，隔着轻薄的木地板，楼下住户的打呼声他都能听见。随着弄堂生活一天天

/ 设计的灵感来自空间的想象 /

地浸染，他在上海设计一家吃鱼翅的餐厅时，敲定为暗调氛围。定下上海外滩中西合璧的调性，古典的明式家具布置其中，餐厅的室内光相较于明亮的新式餐厅更昏暗。光线越暗，人说话的声音越小，就像上海人聊天说话时的吴侬软语。

从台湾到上海，再从上海到成都。每到新的城市，欧阳杰便了解新的人文环境，从而设计出贴合当地生活的环境调性，这是他作为设计师的必修课。

◎懂得生活　再懂得设计

了解不同材质的感官效果，也是住宅设计师的必修课之一。

二十多年前，欧阳杰接手第一份设计单，在大脑中构想一个镂空的原木栅栏隔屏。但因为不了解木头和水泥的质感在图纸上与在实际环境中的差异，到施工结束后，经毕业于东海大学建筑系的叔叔提点，他才发现出了差错。

没错，正是施工完。欧阳杰的叔叔在台湾是知名的住宅设计师，对于也做设计的侄子，欧阳杰的叔叔选择在设计中放手让他做，事后再提出来。欧阳杰在餐馆以木门为参照解释，木制品和水泥制品，同样的厚度带给人的实在感不同。木门厚度以七、八厘米最为合适，但他当时以水泥墙的最佳厚度十至十二厘米做参考，做出的木门过于厚重。这些经验需要设计师的长年累月积累，对于初出茅庐的欧阳杰，这权当是一次教训。

叔叔是知名住宅设计师，欧阳杰或许自小耳濡目染，对室内设计早有兴趣。实则不然，他在18岁进入这行之前，是名理工生，学习资讯管理，顺利的话大学毕业后将会成为一名程序员。

但有天，叔叔叫欧阳杰去设计工作室组装用于绘图的电脑，随后让他留下来学习。从绘制第一张设计图开始，欧阳杰的人生像旋转的圆规突然发生90°的大转角。他整整学了三年半。在叔叔的指导下，从人体工学、平面布局图绘制，再到立面图绘制学习。据欧阳杰说，叔叔严苛、做事追求完美。室内设计的绘图需细致到一分一毫，他如今追求细致的工作习惯全是由叔叔一手带出来。

从敲打代码，转行绘制图纸，欧阳杰对此毫不生涩。与其说是学设计，不如说在学习生活。住宅是人住的，每个人都有自己心目中家的理想模样。人的生活具有底色，他的性别、生活场域和饮食习惯等都将成为其生活标签，从而成为设计师确定房屋调性的索引地图。欧阳杰说，他在台湾时，若要设计私人别墅内的布置，"设计师需要去主人家里住一晚上，了解客户的生活习惯"。

例如衣物的收纳，他要知道屋内的阿姨是否会接触主人暂时不洗的衣服，如果需要，则在屋内定制专属衣柜。不仅如此，设计师需要教导阿姨，当挂置衣物超量，就需要选择性地清洗；而他也会告诉主人，舍弃今后不再穿的衣物，为阿姨减轻负担。

设计师不仅需要提供最贴合客户生活轨迹的空间布置，也要为改善其生活品质提供解决方案。要抓住客户的真实需求，欧阳杰有个小技巧——家具。在沟通前期，欧阳杰会带客户逛家居城，家具敲定，他便抓住了设计的调性。

"表面的设计很简单，重要的是里面的生活。"

每设计一次，欧阳杰就去细致地把握住户的生活，每位他接触过的客户，最后都和他成了朋友。曾有对喜爱喝红酒的上海夫妇请他去设计过房屋，对方很满意。前些日子，男客户来成都开会，邀请欧阳杰来入住的宾馆喝红酒。两人边喝酒，边看着窗外的成都夜景闲聊。懂生活的设计师，似乎就是有这样的魔力。

◎在跨界中冲撞出灵感

跨入设计行业多年，欧阳杰不曾参加过任何比赛。他从不在乎名利，但他的设计费就是高。

欧阳杰不是学院派。若仔细感受他的设计风格，可感受到一种独特的自然美，攀附在墙壁上的繁枝茂叶，光透过古旧的鱼鳞玻璃变成彩色，这些都是生活景象中真实的一隅。

每件设计都是从日常生活中生根发芽长出的艺术品，当欧阳杰被问如何做出这样独特的设计时。

他笑笑说，或许因为自己是位跨界设计师。

欧阳杰的确一直在跨界，从台湾来到成都，从计算机行业跨界到室内设计。但作为

/ 室内装置作品 /

设计师的跨界，指的是欧阳杰的涉猎领域从不局限于住宅，还包括医疗美容机构、百货公司、化妆品品牌专柜形象等。跨界可使设计师的眼光不狭隘，在不同生活场域中看到元素应用的多样性。他就常在陪太太逛百货公司时，寻找设计灵感。"在国内学设计，最直接的方式就是去百货大楼"，欧阳杰说，许多商店的室内设计由国外知名设计师操刀。太太看衣服，他就观察细节。

售楼处的样板间设计，需要展示最前沿的设计风格，前沿则需要跨界。欧阳杰举例，化妆品商店里桌子通常有金属收边条，这种设计放在住宅里，则能体现出轻奢现代感。

酒吧也需要去闲逛，因为欧阳杰也无法确定，今天找上他的客户，平时是否会去酒吧。但他不去司空见惯的，而选择去最新潮的概念店。没有灵感时，欧阳杰会放下工作离开办公桌，先去街头走走感受生活，说不定一位路人的穿着就会带来灵感。

/ 室内设计平面图 /

有次，他为北京市的一处公共区域设计等候座椅，始终抓不住设计思路，他就去那里观察客人体格的大小、坐姿，感受环境的氛围，最后走出灵感沙漠。

好的设计师，必定是懂得生活的人，欧阳杰这么说，他也这么做了。几年前，他从叔叔公司的成都分部离职。就是因为管理分散太多精力，欧阳杰的设计缩水严重，还因家中的小孩年纪也尚小，需要大人照顾。离职的代价惨烈，因为自身的岗位无人接替，最终公司被总部收回。即使如此，欧阳杰不后悔。如今，他在离职后，开设独立工作室，在多家公司担任艺术顾问，偶尔替朋友的项目设计救场。

他对接的单也愈加挑剔，只选择有想法的客户，只有他们彼此之间互相聊得来，他才考虑接下。才 40 岁出头，欧阳杰笑说已经考虑退休了。他说，父母的年纪大了，不久后的几年想要停工两年，回台湾陪陪父母，好好生活一阵子。

这位设计师，说是生活家也不为过。入行二十六年，欧阳杰不认为设计越复杂越美，而剥离偏见与强求的"干净"才是美的。"每个人都是独特的"，只要活出自己就是种才华。从这些只言片语，似乎让人体会到他所设计之物自然美的来源。川菜店里，溪水潺潺，长年累月冲刷的断木留下岁月痕迹，溪流声是老成都逝去的歌声，欧阳杰似乎为这块断木找到了不错的归宿。

方寸之间

一步一景万物生，装点生活装饰梦

剪窗花，
暖万家

剪纸手艺人　龙玲

剪刀和刻刀用钝了，需要不断打磨。纸随剪转，刀落形出。将月牙形、水滴、锯齿形等各式纹样拼凑出大自然里的鸢飞鱼跃、人世间的喜怒哀乐。如果四十年的时光有厚度，对于龙玲，这厚度便是工作间里数十个柜子中层层叠叠塞满的剪纸作品。逝去的年月在这里沉淀下来。龙玲从云南翻山越岭来到蜀地，作为异乡人在成都剪纸界占得一席之地，排挤和鼓励千般滋味都尝过。她说感激这一切让自己一直往前，不敢懈怠。

◎宝物收藏·家

藤蔓依附的抚琴西路老楼里，窗台上的山茶花在风中摇曳生姿。

一张张柔软的红色宣纸，在龙玲的剪纸工作室里，演绎着一场场盛大的中国式魔术。龙玲的家就是工作室。150平方米的房屋，设计室、制作室、装裱间一应俱全。其中制作室的光景最为奇异。步入制作室，如走进记录龙玲四十年时光的剪纸博物馆，又如走进中药房里。

只是这一层层从地板直堆到天花板的黄木格里，装的是一摞摞剪纸作品，它们依照不同表现对象，如生肖、寿、喜、鱼、四大名山等分门别类放入。工作台在光线较好的窗边。台灯向桌上探头探脑。龙玲将一张宣纸折上几折，左手轻捏，纸随剪

/ 走进龙玲的工作室，如同走进四十年时光的剪纸博物馆，是艺术，也是人生 /

动，咔嚓咔嚓，纸屑落下，像雨点一样洒在桌面，剪完抖开，彝族姑娘的轮廓跃然纸上。细致纹样需要刻刀精雕细琢，为保护刻刀，宣纸需放在铺满草木灰的垫板上。剪刀和刻刀时常需要打磨，直到磨无可磨。龙玲算下来，这些年她也用坏了不少把剪刀。

走廊里的抽屉柜的藏品更加古老。龙玲打开抽屉，小心拿出一本很厚的口袋书册，泛黄的书页打开，旧书香味沁入鼻中，里面夹着她二十年多前创作的百花图花样。早年时兴的复色剪纸也藏在这里，套色剪纸《贵妃醉酒》、染色剪纸《公鸡打鸣图》。比起单色剪纸，复色剪纸的制作技法更复杂，也耗时更长，但它并不受如今的市民喜爱，龙玲现在不常做了。

龙玲家中的每个角落都是宝藏。除了各式剪纸的文静秀雅，走廊挂着的仿真枪、酒壶，让访客感受到的是草原上策马奔腾的肆意感。整屋堆砌的书籍更能让人为之震撼，这些都是龙玲丈夫的藏品。这里不仅是艺术天地，也是书的海洋。

◎铁轨边追风剪万物

提起对剪纸的初印象和初受的艺术熏陶，龙玲想起的是那极会画马的火车站站长父亲，会接生也会剪纸的土家族医生外婆。

父亲沿着云南省楚雄市火车铁轨沿路站点当站长，小龙玲也跟随父亲沿铁轨一路上学。当她心情不好，父亲就画马哄她开心。在她小时候，父亲是她极其崇拜的人。每逢寒暑假，她就去昆明外婆家待着，外婆也成了小龙玲学习剪纸道路上最初的启蒙老师。

外婆剪，她就拿把剪刀在旁边跟着剪。过年剪福、春天剪喜鹊、新人结婚剪双喜、老人生日剪寿，剪不完的人间情味。民间百姓将剪纸贴在顶棚、门窗上、墙上，表达他们对未来生活的美好期许。除了剪纸，她也剪彝族姑娘衣服的花样，花样也是剪纸。茶花落在彝族服饰的领口、衣襟、围腰和袖口上。她把花样蒙在布上，一针一线绣出精美纹样，美观又耐磨。正如剪纸时，先将草图固定在宣纸上，再或剪或刻。

通过练习，龙玲也掌握了剪纸的常用技法：剪、刻、撕、烙。龙玲介绍，比起前两者，撕和烙现在用得少。撕用来表现粗糙的毛边，而烙是指用燃香点出圆点，如表现动物轮廓，但现在更多用刀刻圆来替代香烙法。剪纸语言随图案的不同而变化。

锯齿形细密是小狗柔软的毛发，稀疏宽大的则是刺猬尖锐的外壳；双月牙是人笑起来的眼睛，如水波纹排列则是鱼鳞。大千世界与纸上艺术产生微妙神秘的联系，而龙玲也逐渐摸索出其中韵味来，更体味出其中的人情百态。但她并未想过以此为生，除了剪纸，她也爱画画、扎染和做布娃娃。一次偶然的机会激起她剪纸的热情。

1976年，龙玲初中毕业后，来到云南禄丰县插队。村里人结婚，知青们凑钱买脸盆赶礼，但脸盆为白色不够喜庆。龙玲灵机一动，便买张大红纸剪双喜贴在盆底，村民们见了都夸，城里来的姑娘手真巧。龙玲备受鼓舞，从此手里的剪刀就再未停过。

她所创作的剪纸，也被当地村民称为"龙玲剪"。隔年，龙玲被分配到云南省武定县的一家供销社，每逢文化下乡，龙玲便表演剪纸。当地村民总是结伴而来，拉长脖子看，挤得水泄不通。千里有缘一线牵，剪纸也成为龙玲与先生结缘的媒人。1981年，供销社送龙玲去昆明参加统计师培训，支边的成都籍小伙子凌老师成为龙玲的班主任。一次偶然机会，凌老师去寝室看望学生时，看见龙玲收藏和创作的剪纸，两人相聊甚为投缘。两年后，两人喜结良缘。也因丈夫，成都这座城市与龙玲的人生产生交集。1991年，龙玲随丈夫来到成都，被调入成都火车北站商场财务科工作。龙玲带着她的剪纸，开始了成都的艺术之旅。

/ 剪 /

◎艺高人胆大

当被问及是否有艺术天赋，龙玲笑着说，还好还好。但她在云南武定县学画时，无论是老师还是同学，都夸她绘画感觉好、天分高。她拿出画作参加县里的展览，捧奖杯而归。静物像的绘画学习让龙玲练就剪侧影的本领，这也成为2001年她在"三品会"上一炮而红的契机。参加"三品会"之前，龙玲心里发怵，她得知参展的是来自全国各地的大师，但一位前辈极力鼓励她参加，并为她找到摊位，她打算赌一把。积攒多年的作品，还有布娃娃，能拿去的她都拿去了。摊位费1100元，在当时是一笔不小的数目，她怀疑连摊位费都收不回来。

但龙玲很机灵也很有胆识，参展当天挂出3元剪侧影的牌子。她的摊位前顿时排起了长龙，也因此吸引了摄影记者的注意，龙玲剪侧影在于一气呵成。眼观人物轮廓，她拿起纸张，一剪刀下去，从头到尾，不修不改，前后不过3分钟。龙玲坦诚

/ 正在工作中的龙玲 /

当时是胆子大,平日她只给同事剪。谁曾想,兴致一高,那天排队的人都说剪得像,效果很好。

在"三品会"上,龙玲的《百花图》荣获银奖。联系龙玲的展会负责人越来越多,她也逐渐多了作为剪纸代表受邀出国的机会。那时她在青羊区税务局工作,每月有300元的稳定收入。但在2003年,龙玲参加日本"大中国展"回国后,她坚定了做全职手艺人的信心。同样是剪侧影、售卖剪纸作品,短短一月,她获得了30000元,也收获了日本国民对手艺人的敬重之心和满满的回礼。

回国之后,龙玲辞掉工作,决心当名全职手艺人。全职手艺人其实不比在单位省心,龙玲说,2004年,是她最忙的一年,她每天三个摊位轮流转。还好有徒弟和助理加入团队。有了照顾摊位和负责装裱的人,龙玲才算松口气。但学艺放弃很容易,很多徒弟学到中途转身离开。剪纸这门行当门槛低,徒弟看着他人的高收入，难免眼红。如今，经济不景气，销售也不尽如人意，渐渐地龙玲的团队只剩四人。即使如此，龙玲向笔者算了笔账，要维持每人每月3000元的工资，每天至少得入账几百元。很不容易了，龙玲说，今后发展看剪纸行业的情况，很多事也身不由己。

◎异乡人逆流而上

朋友送给龙玲的小鱼风铃挂在阳台上，一阵风过，在清脆的"叮当"声中，窗外下起绵绵细雨。龙玲想起那年作为剪纸代表去迪拜布展，也经历了这样的雨。助手和她拖着装满剪纸的行李箱在街上走，一时疏忽，水入箱中，损失巨大。在艺术创作中，总有灵感在一瞬冲上脑袋。龙玲回国后，看着"笛声"那幅泡褪色的剪纸，灵机一动。她在左上角剪出男子侧脸轮廓，沿着吹笛女子肖像信手撕出斑斓的水墨画效果。在画布留白处，撒上桌面落下的碎纸屑。剪纸经过雨水浸润，深蓝褪变成浅蓝，笛声悠扬，思念随水波纹一圈圈荡着小船儿远去。

"笛声"原作的作者为一位画家，龙玲在其画作上进行剪纸再创作。曾经有人问龙玲，是否怕侵权。她说不怕，说这是剪纸再创作，会添加自己的创作元素。她回忆在当年，一群人学习剪纸时，看见好作品就临摹。大家在临摹中学习，民间艺术往往也是在复制中得以传承。但也因此，在2005年评上四川省工艺美术大师时，龙玲遭遇过同行的质疑。在她之前，四川有众多剪纸老前辈，龙玲作为异乡人和后起之秀，获得诸多荣耀和拥有时常出国的机会，她认为这可能难免惹人眼红嫉妒。她当时理解此次征集的目的为展现手艺人的技法，于是以一幅《红楼梦》剪纸作品报名。等到报纸公示她为工美大师时，许多同行去报社闹，"这不是她的原创"，更有甚者说这幅图是龙玲在"荷花池"（成都市批发小物件的地方，以实惠著称）买的。

一次征集演变为一场闹剧。

/ 锦里主题剪纸 /

最终，龙玲的提名被征集单位撤销。往后心灰意冷的龙玲再也没参加工美艺术大师评比。虽然龙玲不再参加此项评比，但也再无四川剪纸大师获得提名，她感到遗憾。在龙玲眼中，每位前辈都是大师，"各自取长补短，何必自己人和自己人过不去"。许多年后，与当初的竞争对手见面相视一笑。龙玲不仅"劫后余生"，还越过越好。她不知道对方是否仍旧耿耿于怀，还是惊呼一句，"怎么还是你"。但她也感谢这些非议，不然一路过于顺遂，她可能会放弃严格要求自己，懈怠下来。

在剪纸艺术道路上，龙玲感受到艺术追求与市场需求之间往往存在落差。"剪纸艺术的至高境界在于留白"，越简练的构图越体现出手艺人的功底。龙玲的早期作品中，比如《唱山歌》和《跳脚》，线条都十分简练，但彝族年轻男女的欢乐情绪跃于纸上。但设计简单，游客通常难以理解它的艺术性，低估其价值。于是龙玲做的剪纸越来越复杂，高人气剪纸如《笛声》的不断复制占用了她近大半的时间。

"有什么厉害的呢？靠这个吃饭罢了。"龙玲说。

年近六旬，她打算再过几年，等到徒弟出师，她便可以"功成身退"。剪纸多年，她一直有个画家梦。到时候，她便打算背着画架去画大山大河。"还有很多事想做呢"，她对未来不无期待地说。

山海之间的微观缩影

川派盆景大师　陈志贵

往上数三代，温江陈氏都在盆景一行。传到陈志贵这辈，兄弟姐妹七人每家都有一个几十亩的盆景园子。在这一行干了三十四年，陈志贵的手上出了不少精品盆栽。

但就算经验老到如他，也有失手的时候。十五万元收来的老桂花树，培植土壤，移栽园中。五年后，老桂花树一口气熬不过，『撒手人寰』。陈志贵心疼得要命，又舍不得丢掉，索性做成茶台天天看着。

◎山水诗歌，无处不在

二两小酒，射灯放光，川派盆景大师陈志贵一天最幸福的时刻到来。夜幕降临，园子里三百盆盆景被射灯照耀，他一个人慢悠悠地在园子里逛着，像秋收的农夫一样望着自己的"稻田"。兴到深处，他常会喜滋滋地来上两口小酒，"那滋味，简直不摆了"。

陈氏庄园，总占地不过一二十亩。与温江众多占地上百亩的园子不同，园主陈志贵自2004年建园开始，给这两块还算宽阔的土地上定下走小而精的路子。精品大树、古老树桩，一个不算太大的园子里能找到数十件精品，彰显的更是园主的水准。

距离陈氏庄园十公里，便是陈志贵老家寿安的所在地。

/ 陈氏庄园内修剪盆景 /

1982 年，国家将土地承包给个人发展第三产业时，陈志贵的父亲陈开钦做了全村第一个吃螃蟹的人。他承包生产大队 24 亩土地，专做盆景艺术。一时风光无两，盆景远销海外。

但在这之前，陈氏家族在温江的盆景历史，早已有过浓墨重彩的一笔。"清末民初，寿安花农陈友松、其子陈树山、其孙陈开钦的桩头'掸拐法'成为川派盆景蟠扎名派之一。"往上数三代，陈家都靠盆景为生。

家传手艺在前，陈志贵自小在苗圃里长大，满目所见皆是垂丝海棠、紫薇、银杏。冥冥之中，家里兄妹七人全都接下了这门祖传手艺。

小小一盆景，将几百年演变而成的山石风光融于一身。它是山海之间的微观缩影，需要手艺人用数十年时间养护，方成作品一件。

子承父业，等到 1986 年，陈志贵年满 16 岁时，他从中学生变为了一名盆景手艺人，成为众多师兄弟里的一员。父亲对于上门求学者有求必应，20 多亩的园子里，徒弟们源源不断，慢慢构成了一个庞大的盆景职业体系。

每天清晨，工人们浇水修枝，都由陈志贵分配。他做管理，也做苗亩的病虫害防治，两年后，独立带徒弟教学川派盆景便已不在话下。

温江郁郁葱葱十万亩花木，潜藏着成百上千个盆景园，作为非物质文化遗产的川派盆景在这里兴盛，也在这里传承。

◎功夫手上过，一盆精品难

起初，陈志贵并没沿着父亲安排的道路继续走下去。1990 年，年满 20 岁的他决定不在父亲手下打工。当时温江苗圃早已遍地开花，他"赚票儿"的梦想也跟着开花。

/ 院内风景 /

云南的大型绿化工程被他接手,他就在两地奔波赚取中间差价。

不过好景不长,20世纪90年代后期他的生意宣告失败。尤记得当年《创世纪》很火,他买了张碟熬通宵看完了剧。这是一个极有仪式感的时刻,在生意溃败之下,陈志贵找到初心,开始一心一意做手艺。

当时川派盆景仍是规则式风格,逢弯出枝已是既定套路。后来,一次去上海送货,他亲眼看着客户锯改了盆景的枝丫,反而卖了更好的价钱。先机从沿海地区的审美中发掘,陈志贵迅速回到四川,望着自家的园子,对着师傅们喊出,"改!"

这就是现在流行的自然式盆景。保留传统川派盆景的魂,在身法造势上顺遂树的长势而来,陈志贵尝试了当时人所不敢之事。不知不觉中,这种风格开始在苗圃蔓延开来,成为一种趋势。

功夫手上过,做出精品从来都不是一日之功。下午四点,阳光不减,晒得人头顶出油,但罗汉松和金弹子都还热闹着。

陈志贵熟练地扯来水管,给了园子里的宝贝一个凉快。雀山罗汉是他养了三十多年的"女儿",近两年才初步成型。陈志贵老父亲一样的眼神看着罗汉松,笑嘻嘻地对笔者说:"园子里数得上名号的盆景，年纪都比你大哦！"

树桩盆景能出落成模样，不出二三十年见不到成效。有时候他像农户，面朝黄土背朝天；有时候他又得做诗人，意境全在盆景山水上。但有一个角色始终没变，那就是如父亲一样呵护着满园宝贝。

三十多年前，陈志贵打定主意养护雀山罗汉时，脑海里就有了它"长大成人"的大概样子。恍然几十年过去，养护、管理、修剪补盘，盆景过些时候即要养成，陈志贵的年纪也大了。

功成，售出，朝夕相处的孩子"出嫁"，陈志贵的使命告一段落。二两小酒喝进嘴，成就感和失落感交叉，他的眼里既有因生存压力减少的欣慰，也有少了"孩子"陪伴的不舍。

◎意境，一盆之中妙不可言

四月份的天气，白昼一天天变长，盛夏的来临提醒着陈志贵，温度和蒸发量都在日渐增强，院子里的盆景得勤加浇水。

新一轮的培养还在路上。一块地里的罗汉松还在生长，土堆沿着根部形成了小山丘。这是每隔三年挖土移栽所成。

陈志贵好古树，山间收古树移栽至园中，等到有缘人看上便转手售出。树木移栽是必备功课，根系过大不易存活，陈志贵需剪粗根培植细根。

但就算经验老到如他，也有失手的时候。15万元收来的老桂花树，培植土壤，移栽园中。五年后，老桂花树一口气熬不过，"撒手人寰"。陈志贵心疼得要命，又舍不得丢掉，索性做成茶台天天看着。

/ 陈氏庄园 /

沿着桂花茶台往外看，落地窗给了盆景园子一个绝佳的观景点。罗汉松冒出花蕊，他需要一朵朵掰掉，保证树枝营养。针柏郁郁葱葱，飘逸的风格是他在自然界里寻来的灵感。过去三十多年的时间，陈志贵都有一个相同的爱好，看山看树。他把自然中的神来之笔，移至一盆之景。盆中山水皆有，渔夫撑船而过，对岸老树垂叶，微型的人间百态尽显于此。

陈志贵打小就接触盆景，按正式入行算起至今也有三十五年光景。他并不觉得做这行有什么难度。头年做大弯造主干，次年做枝干盘枝丫，棕丝发挥蟠扎作用，粗拉细剪，年年拆换即可。"退一万步来说，就算有些枝丫长不出来，我还可以嫁接啊。"树身削一个刀口，树枝皮接皮，纹路对纹路，包一层薄膜固定，长出来的新枝就是他需要的样子。

技艺越往上走，陈志贵越觉得这门手艺没什么难度。掌握植物科属习性，好好养着就行。难倒他的是一件作品的立意，相较于实打实的几十年养护蟠扎，意境显得有

/ 川派盆景的魂，在植物的身法造势中尽显 /

些虚无缥缈。如命题作文一般给出一个立意，往往让他挖空心思。

每每这时，心烦意乱，他得"来两口小酒，整点音乐"，等心境平复或许才能生出一丝灵感。陈志贵读书不多，对于意境这种不可捉摸的东西，他也是从诗词书画中慢慢浸润出了感觉。

山水盆景《茅屋为秋风所破歌》便是如此。盆器培植的合欢树，羽状复叶纷纷扬扬，两棵红枫枝繁叶茂。砂积石切割成山，水泥粘粘定形，内藏泥土养护树根，表层覆上青苔。茅草屋、流水景、红枫秀、登山人，十年培植合欢树，五年景成"茅草屋"，时光积累的韵味款款释放，陈志贵品其玄妙，如饮陈年酒酿，回味悠远绵长。

日复一日，陈志贵望着自己的一方园子，一站四五个小时，对着树木做蟠扎。心头慌的时候，他就坐下来，又把音乐放着，喝点小酒。感觉味道对了，他马上起身改动。觉得"整巴适了"，他就端着酒杯，看着山石树木，自饮自乐。

每天晚上只要不下雨，他就把射灯打开，嘴上叼起一支烟，在园子里看树的意境。长夜如水，一方盆景园，他穿行其间，寻自己的滋味。

小蛋壳大世界

蛋壳画传承人　陶荣

一枚普通的鸡蛋要脱胎换骨成半边蛋壳画，工序繁复。首先蛋液须抽空，色白圆润的鸡蛋壳，要下针果断，用针筒抽干蛋液，注水反复沥清。最惊险的一步是将单薄清脆的蛋壳切割为二。须在蛋壳上找准受力点后，用美工刀均匀地将之切割开来。刀尖落下，步步为营，一步走错，壳碎作废。切割后，再用砂纸细致打磨边缘。

◎细心耐磨蛋壳画

一轮油黄色的月亮立在湛蓝色的天空中，已是夜深。静谧的老式小区里，一盏灯独明。在台灯昏黄的灯光下，陶蓉还手握工具与蛋壳周旋，幽黑色的猫闭眼趴在木桌边沿陪伴着她。

夜深人静之时，是手艺人灵感迸发的时候。陶蓉习惯夜间创作蛋壳画。一枚普通的鸡蛋要脱胎换骨成半边蛋壳画，工序繁复，急不得。首先蛋液须抽空，色白圆润的鸡蛋壳，要下针果断，用针筒抽干蛋液，注水反复沥清。最惊险的一步是将单薄清脆的蛋壳切割为二。须在蛋壳上找准受力点后，用美工刀均匀地将之切割开来。刀尖落下，步步为营，一步走错，壳碎作废。这半边蛋壳切割技艺非得要

/ 蛋壳画背后有微画技艺的传承 /

多年的经验沉淀不可。切割后，用砂纸细致打磨边缘，这质朴的半边蛋壳在陶蓉手下等待着重获生机。

为这蛋壳画，50岁的陶蓉已戴上300°的老花镜。她盯着蛋壳，用笔尖蘸墨浅浅勾勒出青城山水图。在蛋壳拱面上作画，透视与平面截然不同，直线下笔后变曲线，远近也难表现。但在陶蓉笔下，风景由远及近，松林层峦叠翠，立于崎岖不平的沟壑之上，远处几座楼檐飞阁如鸟翅，几只大雁向南飞去。小小蛋壳，容下大千世界。

待到画毕，东边晨空微亮，在蛋壳画上刷层冷釉，小小蛋壳便蜕变为如瓷器般的工艺品。初升朝阳为它镀上蜜般光泽，蛋壳迎来新生。为完成这幅作品，陶蓉熬了一周的夜。客厅里的废品篓里碎蛋壳不计其数，工作台上摆满了各式半成品和成品。这一枚枚蛋壳画悄然磨去了她三十余年的光阴。幼年时的陶蓉未曾想过，今后的她非要在方寸之地与蛋壳死磕到底。走入艺术行业、拾起蛋壳画的道路，在命运齿轮嘎吱作响时，悄然为陶蓉铺开。

◎心不在焉老板娘

陶蓉对蛋壳画的初印象，是小时候为家中母鸡产下的蛋做记号。

父母支援边疆，五岁的陶蓉离开成都跟随他们去了北疆小县城塔城。人们在家园周围砌起砖墙，家家户户养鸡鸭鹅。陶蓉作为家中长女，早早便分担家务。母亲对陶蓉说，母鸡产下的蛋要按时间顺序食用，她想了想，便提笔在蛋壳上分别画上桃心、叉叉等各种图案。这粗糙的几笔，或许就是陶蓉与蛋壳画结缘的开始。陶蓉听父母提起，爷爷和舅舅曾在旧成都的鼓楼街会府附近捏面人和画蛋壳画。虽然陶蓉和爷爷从未谋面，但老一辈的艺术血脉静静地流淌在她身体里。进入新疆艺术学校学习，是学习偏科的陶蓉听从老师建议做出的选择。她坐了两天两夜的车前往乌鲁

/ 雕 /

木齐参加艺考，从此开起艺术人生。

草原上清朗的风穿过白杨林，围绕着陶蓉的细发转圈，落在年轻学子五彩斑斓的画板上。班上的大多数同学本就是美术老师，陶蓉跟着同学学习工笔画、写意画和素描。画室弥漫着刺鼻的颜料味，铅笔在素描纸上快速来回，落下细腻的粉尘。两年的学习生涯，穿过漫长岁月使陶蓉日后在蛋壳上落笔成花。在学校时，陶蓉就偏爱用蛋壳搞创作，她的毕业作品便是一幅半边蛋壳画。蛋壳上抹上的孤傲红梅花，让老师眼前一亮。

天真烂漫的学生时代落下句点，1986年，陶蓉离开新疆，回到家乡成都自谋职业。她找到一份在成都市广告装饰公司美术组负责绘制灯箱广告的工作。不到两年，单位解体，陶蓉出来单干。在家中接单的收入不比在公司少，但她却陷入了长久的自我怀疑中。家中经营一家饭店，丈夫廖哥当厨师，陶蓉跨界充当负责结账的老板

/ 刻 /

娘。但她算的都是糊涂账,食客喝醉酒还要叫她陪喝酒。陶蓉想着一辈子若这么过,真不甘心。

慢慢地,她不愿再去饭店,只愿待在家里没日没夜地画蛋壳画。旁人的冷言冷语如冬日刺骨的风,在陶蓉生活中呼啸。食客取笑廖哥,你找了个假清高的文艺女青年。家人认为陶蓉拿文凭不干正经事,作品也不卖钱,还不帮廖哥打理饭店。她实在气不过,便把画具和蛋壳画一股脑地扔进了餐馆的炉灶。

索性,她便安心地当一辈子老板娘。

◎柳暗花明展手艺

转机来自朋友的一次善意谎言。

1989 年，在文化公园开蝴蝶展馆的李哥来到陶蓉家里，连连称赞她的蛋壳画，并拿去帮她卖。没过多久，朋友拿回 8 元钱给她，陶蓉激动极了。

后来陶蓉才知道这卖出的第一幅蛋壳画，是李哥女儿为鼓励她买下的。他们鼓励她去现场作画，这样效果会更好。

一切境况，从她走出家门来到文化公园后改变。

朋友在蝴蝶展馆里开辟了一道长廊给陶蓉，长廊里挂满了她的蛋壳画。每到过年灯会便是布展之时。最初买蛋壳画的人不多，陶蓉有些泄气。慢慢地一天能卖出两三幅，人来人往，生意便好了起来。

为了让蛋壳画更加美观，陶蓉扔掉火柴盒，改用玻璃罩装裱；为了让颜色更鲜亮、不褪色，陶蓉从水彩改用丙烯，后来加入矿石粉，在蛋壳上刷层新漆做保护膜。灯会结束后，也有游客循着长廊上的电话号码，向陶蓉定做蛋壳画。陶蓉的生活变得繁忙起来。

直到有一天，陶蓉有底气地对廖哥说，不如你帮我布展，别开饭馆了。看着忙碌的爱人，廖哥心疼她，在 1998 年关掉饭店全职帮陶蓉装裱、布展。

从文化公园到人南立交，廖哥一路跟随。陶蓉认为是廖哥成就了她，她认真地对廖哥说："今后有我的一半，就有你的一半。"在做蛋壳画的路上，陶蓉也曾走进岔路口。20 世纪 90 年代，梨花街的美甲行业初兴，她被邀请当特约画师。工资高、不用坐班。但陶蓉割舍不下蛋壳画，不到两月就溜之大吉。她坚定：蛋壳画就是自己一生坚持的路。

闲来无事，陶蓉总爱去家附近的东门市场里挑拣鸡蛋。到最后，老板看见她都想绕着走。废蛋壳堆得越多，她的微画技艺也越加炉火纯青。到 20 世纪 90 年代，陶蓉

/ 上色 /

步入创作高峰期。她开始绘制成套作品,"水浒一百单八将""金陵十三钗"都出自那时。

"水浒一百单八将"前后耗去陶蓉一整年的心血,她根据角色性格塑造形象,人物毛发纤毫毕现,神态各异,或怒目圆睁,或慈眉善目。

这幅作品在 2002 年被广东越秀公园的老总以当时的"天价"4800 元执意买下。第二天,四川电视台就报道——蛋壳画"4800 开眼界"。"陶蓉蛋壳画"的名声就此奠定。

此后陶蓉的道路变得顺遂。同年,她参加四川省民间文艺家协会举办的"三品会"(民间工艺品、礼品、收藏品),一举获得一等奖。2005 年,工艺美术协会将陶蓉评为"第五届工艺美术大师"。随后她被邀请出国展现中国民间手艺。她这才知道蛋壳画也是门手工艺。

此时此刻，陶蓉总算熬出来了。

◎一门心思非遗路

名利双收。陶蓉一门心思要为自己的蛋壳画事业正名，并宣告同行：自己是名正言顺的非物质文化遗产传承人。但翻开《民间手工艺大全》，书里关于蛋壳画的解释只有一句：蛋壳画就是在蛋壳上作画，材料十分稀缺。而一门手工艺要评上"非遗"，首先要具备地域性，其次要有一百年历史。

上数三代，陶蓉的爷爷曾画过蛋壳画。但口说无凭，直到陶蓉找到老邻居金婆婆，才得以证明。

但仅此，历史渊源也未满百年。为找到更多资料，陶蓉费尽心思，请教"非遗"老师，飞去全国各地陈列有蛋壳画的展览上拍照。等拿回资料，她就整理好录入电脑。她自豪地说，如今网上关于蛋壳画的大部分资料，都是她这些年慢慢敲出来的。

"添丁蛋""祝寿蛋""喜蛋"，经过多年研究，陶蓉可随口说出中国民俗中蛋壳画的应用实例。这条路走得异常艰难。陶蓉从2005年开始申请"非遗"，专家年年以蛋壳画过于小众否决，而陶蓉的手工艺同行们，其手艺有的早已列入国家级非遗行列。

似乎陶蓉总在做令旁人费解的事。但一路逆流而上，这次陶蓉又赌赢了。2017年，她终于被成都市非物质文化遗产保护协会评为优秀"非遗"传承人。看到消息那刻，陶蓉哽咽了。

从此，她终于可以说，我手里的蛋壳画手艺，是从爷爷手里接过衣钵，并完善技

/ 即将完工的蛋壳画作品 /

艺，终成如今陶蓉的蛋壳画艺术的。

◎自得其乐传承心

如今，这门技艺将由陶蓉传递给弟弟陶新生。陶蓉不是没想过招收别的徒弟。她曾倾囊相授，但徒弟们耐不住性子，"一个星期跑一个，一个月跑两个，一年全部跑了。"陶蓉伤透了心。陶蓉向弟弟哭诉时，弟弟索性哄她说，算了，我来当你徒弟吧。

弟弟转身辞去公司里的后勤主管职位，跟着姐姐专心学蛋壳画。说是当徒弟，但陶新生一天也未跟陶蓉学过。对于蛋壳画，他自有想法，比起绘画，他更中意做蛋雕。陶蓉和弟弟也就各分两派，自得其乐。

/ 方寸之间，尽显世界 /

画了三十年蛋壳画，因长期熬夜和低头作画，陶蓉的颈椎病愈加严重，眼镜度数也直线上升。随着时间流逝，变化的不仅是身体状况，还有审美。陶蓉至今始终感到惋惜的是，她自己最喜欢的作品"金陵十三钗"已不可再复制，这幅作品已作为国礼赠送给华裔科学家丁肇中。她曾想再画，但色彩和线条都是已找不回的年代感。

如今她最大的愿望，是能将自己的好作品都留下，将它们布置成一个家庭收藏展，为后代留下点什么。今后她摆在锦里摊位上可售卖的作品将会越来越少。

生活为艺术，还是艺术为生活，是陶蓉始终想不明白的事。她时常约着和老艺术家们交谈，保持心中艺术的纯粹性。她回家后，弟弟挖苦一句：又被洗脑了。

年轻人更加活在当下，会将艺术结合市场需求发挥到极致。但陶蓉始终认为艺术无价，她宁愿饿着肚子欣赏艺术。可有时朋友们也对她说：如果不是你弟弟替你守摊，你哪来的资本能够天南地北地搜集"申遗"资料呢？陶蓉想想也是。

终其一生，陶蓉始终是那个崇尚自然的女子。她说，比起金，她更爱银；比起银，她又更爱木头。蛋壳画，在方寸之间容纳世间平凡之物，精致表面的背后是归于泥土的质朴，而这便是陶蓉对于艺术的追求。

蓝染一抹天空色

蓝染传承人　青黛染坊

如古人所说，蓝草自然发酵后，方可染色。白布之上，渐染蓝色，做出花纹，依旧是道道工序累积而成。常见的有扎染、蜡染、夹染，几种染法原理相当，都是借助器物防止染织物上色。

她们开着三轮车在田园乡间找寻废弃农具，装饰染坊；她们年轻敢为，辞职借钱修房子，平地之上筑起孩童时期的愿望。当染坊上的蓝色布匹随风飘扬时，她们的燃情岁月就在此刻。

◎茶园生出一抹蓝

青黛染坊就在一片茶园里。远远望过去，蓝色的棉麻布在飘荡，门前荷塘倒映出一抹蔚蓝。染坊掌柜曹小凤站在布匹环绕的蓝色长廊下，等微风一起，摄影师快门响起，就成了一张绝佳的美图。生活确实有些诗意。两位染坊姑娘在田园上搭建自己的两层小屋，屋后风吹竹林飒飒作响，门前一弯池塘盛夏日田田荷叶，村子里"阡陌交通，鸡犬相闻"。这里像是遗世独立的一座岛，隔绝了快节奏的都市生活，只留下缓慢悠长的日光晒在竹木门前。

两位染坊姑娘在茶园上开始一日的劳作，染上布料几件，裁裁剪剪，做衣服裙子。染布，像是把生活拉回到遥远的古时，以最质朴纯粹的方式生活。在成为染坊掌柜

/ 蓝染，是从天然植物中提取染料进行染织的手工艺。因其颜色为蓝，故称之为蓝染 /

/ 打结、染料、缝纫、熨烫 /

前,"农二代"小凤是会计专业毕业生。初入社会上工地,她阴差阳错地成为一名年轻的塔吊女工。在钢筋混凝土充斥的日常里工作两年后,她挥一挥衣袖跳脱出了塔吊行业。这个从小看宫崎骏动画片长大的女孩子,一直以来都被吉卜力工作室做出的大自然画面深深打动。她幻想着,有一天在田野乡间也能生活得肆意自在。

另一位掌柜罗丹则是一名设计师。用她自己的话说,她是"爸妈眼中温顺的孩子",读书、工作,一切循规蹈矩,安安稳稳。忽然有一天,她脑袋一拍,决定打破现实的安稳,回乡创业。她说:"儿时拼命想走向大城市,逃离乡村。现在拼命想逃离大城市,回归乡村。"当这种回归的念头越来越强时,两位一道长大的90后姑娘终于选择辞职回乡,追寻儿时田野边的野花梦,鸡鸭鹅鸣的乡野声。开一间染坊,好似是一件顺其自然的事。掌柜罗丹学设计出身,草木染理论基础在大学时便已掌握。

/ 缝纫布料的曹小凤 /

正巧 2015 年年底时，她还跟着明月村"远远的阳光房"学习过一年的染布实际操作。学有所成后，时机还未成熟，因此她离开了村子。待到 2017 年 10 月，成都蒲江县政府支持年轻人回乡创业。罗丹形容自己走了"狗屎运"，正应了一句话——念念不忘，必有回响。

万事俱备，两人回乡创业的热情化为奋斗的动力，儿时想要一起做事的梦想在明月村的土地上生长。她们开始来回不断地为租地奔波，最后定下谌塝塝荷塘处的一片茶园，租地合同一签就是二十年。

◎青黛染坊生长记

2017 年 12 月 23 日，依照当地风俗，小凤与罗丹请一位老者定下良辰吉日，而后染坊破土动工。

周边茶园几百平，她们秉持着不能破坏所有茶树的理念，请来设计师朋友一同定下染坊草图。保护耕地，施工建房，集装箱式的二层小楼雏形渐出：一楼是公共工作室和产品陈列区，二楼建有超大阳台与一间主卧。预算上能省则省。挖土搬砖，运材料，她俩跟着建筑师傅忙前忙后。前期硬装完工后，她们以简欧风格做了软装设计陈列，并收集农户拆迁废弃的农具再利用。

院子里的圆墩路，是混凝土倒入水桶模具灌注而成的；露台地面是搬了罗丹家老房子猪圈里的石板铺就而成的。那时候，她们每天坐着小凤爸爸的敞篷三轮车走街串巷，寻宝般收集乡间的老物件。当一切尘埃落定时，"青黛"终于在茶园露出容貌。

起名"青黛"，其实与草木染有着莫大的联系。以草木染为大门类，她们选中蓝染作为染坊的方向，而青黛生于蓝草打靛后，是蓝染原料中不可或缺的一种染料。蓝染，是从天然植物中提取染料进行染织的手工艺。因其颜色为蓝，故称之为蓝染。有关蓝草采集使用，《诗经》就曾提及，"终朝采蓝，不盈一襜。五日为期，六日不詹。"李时珍曾有言，"凡蓝五种，皆可为靛。"

如今，我国最常见的蓝染植物有蓼蓝、菘蓝、木蓝、板蓝等，以蓝草为染料，落入白布便是蓝染。不过染布并非易事。收集蓝草、切碎、发酵，制蓝的前期工序一道不能少。《本草纲目》记载有，"南人掘地作坑，以蓝浸水一宿，入石灰，搅至千下，澄去水，则青黑色。亦可干收，用染青碧。"

如古人所说，蓝草自然发酵后，方可染色。于是，作为发酵场的染缸开始凸显作用。小凤的寻缸之旅同样开始于一辆三轮车上。那时二人循着农户的话，一路颠簸，开车至一处已经被拆除的老屋基地上，锄头一挖，果然出来一口大石缸。染缸是活物，需细养。蓝草置于其中，发酵后便会"吐泡泡"。两位掌柜每天必做的事，就是观察染缸。冬季天冷，染缸状态不好，更得时刻照料。喂些高粱酒、食用碱，养活一口缸，方可染布染衣。

◎染衣裙，等风来

白布之上，渐染蓝色，做出花纹，依旧是道道工序累积而成。常见的有扎染、蜡染、夹染，几种染法原理相当，都是借助器物防止染织物上色，从而做出花纹图案。

通常布料浸入水中，待完全吸收水分后拧干，再放入染缸。几分钟后拿出布料，偏绿的布在瞬间氧化为蓝色，并带着植物染特有的印记，着色深深浅浅。反复几次着色后，晾干、清洗、固色，染织才算告一段落。也会有失误的时候，染色不成功，图案纹理错乱，布料就成了废料。小凤能做的，则是把布料改做其他物件，以做到节约环保。她们做过一件好玩的事情——收集朋友们的白色旧衣物，帮忙做蓝染并寄回给朋友们。可能是在染坊里待得久了，她们在天然的蓝草里愈加熟知自然之

/ 田园里的染坊 /

本,也想以这种旧物蓝染的方式,让更多人践行环保意识。所谓蓝染,其实染上的也有一抹"绿色"。

纯染最费染料,不过无论以何种方式染完布料,染缸依旧需要加料养护。泥土上挖一个坑,将缸埋入四分之一,泥土温度传达于缸,也是一种养护方式。"青黛"有五口缸,直径70厘米左右,除了工作室日常染布做衣裳外,也为远道而来的客人做手工蓝染体验使用。

小凤为自己染了一件T恤,染色、清洗、晾晒,一周后就穿在了身上。她自己就是"青黛"的模特,拍照发图,上传公众号与微店,宣传推广同步进行。她们是幸运的。罗丹在学习染织的时候,已经积累了不少客户基础。

基于明月村特殊的地理与政策优势,往来的游客从来不少。一切种种,正如一阵东

/ 染坊外部环境 /

风恰好迎面吹向她们。虽然回乡创业成本相比都市要少，不过前期投入接近 20 万元的压力依旧存在。因此依托"青黛"，她们定下蓝染服装定制、手工蓝染体验、空间软装三大方向，努力让"青黛"长久运转。

2018 年盛夏，两位掌柜去贵州寨子里探寻古老的染布手艺。从丹寨、三都，到榕江大利村，她们看到蜡染、蜡画与鲜叶染。

在黄平县城里，看苗族老人们坐在屋檐下绣花。那是一种不需要底稿的绣法，70 岁的奶奶看着布料经纬线便可直接绣花。一路遇见的民俗文化给了她们全新的创作想法，沉淀为"青黛"的灵感。

即使独立于田野上，她们的生活也并不局限于染布制衣。弹琴唱歌、音乐会、露天烧烤、麻辣火锅，她们在田园诗歌里唱出了年轻的味道。每当周六周日，前往村子里的人群便在田野里寻觅一份宁静，蓝色的布匹将又会是一种风景。

小凤说，一青一黛，就像是两位绝妙的美人。她们在自然乡间，茶园深处，找到了灵魂最适合栖居的地方。当鸡鸣声渐起，年轻的染娘们，又会在村落间开始一天的劳作。周而复始，不疲不倦。

风物人间

一期一会尽茶欢,叶落暮归炊烟升

尽欢哪能缺茶香

茶艺掌门人　素池茶室

自古以来，成都就是泡在茶缸里的城市。西汉王褒曾在《僮约》中提及，西蜀人家"舍中有客，提壶行酤。烹茶尽具，已而盖藏"。以茶盖为天，茶船为地，茶杯喻人，冲上茶水，盖上茶杯，便是颇为讲究地意指天地人和齐全。成都的茶铺不少。夏天里，摇着蒲扇，躺在老藤椅里喝茶的风景自是从不少见。不过肖甜甜的茶室与市井的热闹气不同，独带了一份宁静致远的清雅。

◎茶水浸泡的人生

嗜茶如命的肖甜甜，正是素池茶室一代掌门人。在人声鼎沸的一条街里，未见其人，先闻竹林飒飒作响声。我心下暗道："是了，便是这里无误。"把周遭的繁华商铺甩在身后，从满眼热闹里取一抹青葱竹叶的翠色，那正是素池的"名号"。

事茶十余年，于茶叶浮沉间品味人生，她享受这份宁静致远与悠然自得。她做茶喝茶开茶室，看似清心寡欲的外表下，内里却藏了一种颇似"我有一壶茶，赠饮天下人"的豪迈。不过以茶会友的豪迈归豪迈，真正做茶时，她却知道那一点都不"豪迈"，认真与计较是做茶要求的态度。中国的茶文化源远流长，唐代陆羽在《茶经》中提及："茶之为饮，发乎神农氏。"据传当年神农氏在野外以釜锅煮水，偶然有几

/ 茶有茶魂，领悟它，须得经受"九九八十一难"般的洗礼 /

片叶子落入锅内，观其色微黄，尝其味提神，于是便有了茶这一说。

后来人们为了得到这份自然的馈赠，在山间采集、摊晾、焙制，在天时地利间炮制出一手好味。《考工记》有云："天有时，地有气，材有美，工有巧，合此四者，然后可以为良。材美工巧，然而不良，则不时，不得地气也。"以这段话来形容制茶，实在再恰当不过。毕竟要想喝到一壶好茶，可不是一件容易的事。

武夷山，云雾多而日照少，于茶树生长极为有利。每年四月底五月初，肖甜甜都会去山上采茶制茶。一早便要进山，整个上午到下午都在山上，草帽顶在脑袋上，她穿插在茶树之间，待新鲜茶叶采摘够量后，便运回茶厂，开始最为重要而紧张的茶叶制作。摊晾与萎凋是第一步，如此可使得茶叶水分自然蒸发，光泽变得黯淡，芳香物质被活化，便于后面的做青环节。

上青桶做青，是武夷岩茶制作之关键，由摇青和静置发酵交替进行，多次摇青使茶青叶片不断受到碰转和相互摩擦，叶片边缘逐渐受损，颜色均匀地加深，经发酵后产生绿叶红镶边，而静置使叶片内含物质进一步氧化和转变，形成特定的花果香，呈现出乌龙茶特有的高香气息，兼具绿茶的鲜爽与红茶的醇和。随着水分的均匀挥发和茶叶内含物在发酵过程中的相互作用，茶叶会经历青叶香→轻花香→花香→轻果香→果香→熟果香的一系列变化，最终呈现出香郁味醇的完美口感。

看似容易的摇青与静置手艺，是对态度认真与经验丰富的要求：一要走水适当，保证后面的香气特点与汤水的醇厚度，二要走水通透，把苦涩水走干净，避免成品茶的异杂味与苦涩感。做青上好的叶子，在灯光下有着透明微黄的姣好模样。从摊晾到摇青，每一步骤都环环相扣，等做完这些工作，也已经是忙活到半夜的光景。第二天清晨，肖甜甜便将昨夜青桶里的茶叶进行杀青，揉捻、干燥，最终出落成半成品。这之后便是至少长达三个月的炭火焙制。"武夷焙法，实甲天下"，以火助水舒枯木，生水走脉展茶性，汲取了天地自然之精气的武夷山茶在专业师傅的炭火焙制下，成就了独特的口感和风骨。

/ 陈味的茶，浸透了多少时间的年轮 /

肖甜甜极享受制茶的过程，制茶是她甘之如饴的事。每年她都要上山采茶、选茶、品茶三至四次，每年试茶品审，她要尝几百款茶叶，从中挑选出上品引入茶室。"素池"单是武夷岩茶便有数十种，其中不乏肖甜甜亲手采摘焙制之茶。仔细想想，人生短短数十载，自然是先让自己开心。她说与茶为伴，能让她心底里生出花香般的美事。

◎喜欢始于相逢时

肖甜甜一开始并不是专业事茶人。2010年，肖甜甜在成都读研究生。同年夏天，她去海南实习，在工作中接触到工夫茶。传统工夫茶，讲究泡茶技法，她看着事茶人讲究的手势，品饮着茶的香气滋味，第一次意识到茶竟如此与众不同。"日增岁月，生命里最好的境地是白雪明月之下的悠然自处。"如果来上一壶茶，这境地几乎称

/ 水的温度决定茶的韵味 /

/ 倒茶七分满,三分情 /

得上完美。初次相逢茶之魅力，肖甜甜如痴如醉，而后打开茶路几乎是水到渠成的事。以茶会友，用茶打开生活的交际圈，她拥有了很多天南海北的茶友。他们相约煮茶、品茶，以茶语畅谈人生，共享一份静谧与自在。

讲起茶来，肖甜甜的话匣子便猛地打开。如她一般的茶痴，每天喝茶自是必不可少。2015年开始，她养成了晚间饮茶的习惯。夜里喝茶，多是一种意境，带着些许难以名状的闲愁。这种时候，她会选上心爱的皱皮朱泥小思婷，放上三克宜兴红茶，赏夜品茶打发时光。宜兴红茶，她曾有过一段描述，"阳羡红茶像是一位深居闺中待人识的沉美女子，哪怕宜兴紫砂闻名天下，阳羡红茶依然深宫望月。蜜果的香是沉而美的，仿佛香被包在了一块琥珀石中沉入了水底，携着古风带着素韵，美却不艳。"刚开始学喝茶，她是没钱买这些高级货的。那时一位地道的福建人教她喝茶，她跟着买了一只三五十的盖碗，就着沸水开始泡茶。喝了两年，她打坏了七八只盖碗，倒是练就了不怕烫的本事。

说来也奇，那时候有工作有收入，她不敢买茶买壶，生怕被骗。后来收入少了，她反而买了人生中第一把价值800元的紫砂壶。最后没了工作，她就去玩珐琅描金、柴窑柴烧、名家名器，茶之大类，林林总总。不过一年后她才知道，那把紫砂壶做工拙劣，成本就50元不能再多。用她的话说，喝茶这些年，反正她是败光了老本，喝了一肚子茶，最后也尿了出去。人生来去，不过经历与回忆。

入了茶这门道，肖甜甜是无论如何都不肯出这行。她离开原单位后，索性自己开了间茶室——素池。素饮茶，如在林池，让饮茶人如同置身茶林山水间。她现在打理着自己的茶舍，闲暇时泡一壶好茶，品茶、读诗、写词，在繁华都市中追寻一份宁静。每当喧闹白日落下帷幕，品一杯好茶就是她最美之事。烧水备具、沐盏温杯、投茶冲水、出茶分汤、闻香品味，美则美矣。最后品味完毕，收纳洁具，与品茶所涉步骤连成一套起承转合的衔接与过渡，安稳而连贯，熟练而优雅，不矫揉造作抑或张扬粗鄙。茶之讲究确乎较多，不同的茶、不同的器具、不同的水质、不同的季节环境与氛围、不同的群体与人数，都是需要考量的事情。

/ 茶事之美 /

◎尽欢哪能缺茶香

温酒向醉以解忧，清茶饮暖慰闲愁。人生需要一点滋味，方可达到某种平衡。茶之于肖甜甜，正是如此。她每年三次往返武夷山，采茶制茶，挑选佳品引入茶室，将这份滋味带给进素池的品茶人。除自己采摘焙制的茶外，她也与合伙人去各个茶农家的茶厂里选茶斗茶。茶筛上盛满茶叶，戴着眼镜慢慢剔除茶梗、黄叶。好的茶叶，不能用机器，需得是全人工才能保证留下干净整洁的条索。

纯手造，耗时耗力，却独有味道。焙制茶叶，便是如此。炭火烧旺，盖上炭灰，把控温度，再将装好茶叶的焙笼放在焙灶上焙制。每隔半小时，翻动焙笼，并根据不同茶的要求，控制下焙时间。一般来说，茶需要经过两到三次的炭焙，每次间隔一个月。做茶之后，少不了品审。审干茶、汤水滋味、香气、叶底，合此四者，可审出茶之优劣。肖甜甜虽是东北姑娘，但骨子里却又带有江南水乡的细腻。

/ 素池礼品 /

她细细做茶，在焙笼翻动间，看茶色品貌；在茶筛选茶时，挑茶叶资质；在杯茶换水间，尝茶汤滋味。肖甜甜是幸运的。虽说先前喝茶败光了老本，但这位西南财经大学管理学硕士还是与好友一起开了"素池"，在高新区和双流区各有一家门店。武夷山上的茶基地恰是她姑父家的一片茶山，一手的茶资源给了她极佳的机会找寻上好茶叶。

目前素池的客人主要分两种，一种是品茶的人，通过茶与文化的感知，获得精神愉悦，提升生活质量。另一种是商务人士，通过有温度的茶礼，以茶为媒介进行有深度有厚度的礼尚往来，而不仅限于泛泛的形式。

素池根据客户需求做有温度的礼品，每一份礼品都可以写信笺。同时，结合生活便捷化与茶道的仪式感，在茶道仪式上或繁或简。三十而立的年纪，肖甜甜开启创业人生，以 80 后的沉稳姿态慢慢经营茶室。蓉漂十三年，事茶十载，她以茶会友，寻繁华都市中的一份悠然自得。在清幽的茶香中，感受禅意人生的另一份宁静。饮茶，就如茶一般，不疾不徐，清香自来。于她而言，"故事里，有风，有茶，有阳光"，尽欢哪能缺茶香。

树蓓巷里的成都小食

抄手手艺大师　翟大爷

点上一碗干拌鲜虾蟹籽抄手，咬开面皮轻吸一口，蟹籽细腻地覆在舌面上，一咬清脆爆开在齿间，虾肉吃来嫩滑饱满，好似「冰火两重天」。「酒香不怕巷子深」，不少好吃客来翟大爷的抄手店里大快朵颐。在这里，红油抄手的传统味道与干拌鲜虾蟹籽抄手的新式风味，完美交融。这种混搭气质同时也体现在翟大爷身上。他打扮新潮时尚，但始终坚守着成都小吃的传统配方。翟大爷做梦都想开一家属于自己的抄手店。退休后，他的愿望终于实现了。

◆

◎ 90 年代　功夫龙抄手

翟大爷曾在二十三年前短暂实现过梦想。

1996 年，四川冬日，凌晨 4 点，夜雾萦绕，街灯如北斗七星连成一线，为早起的人儿指路。此刻，青年路上，一家主卖"龙抄手"的成都小吃店的厨房里，年轻的翟大爷和其他厨师已忙得不可开交，熬制浓汤、剁猪肉馅、将面团加工成各式形状。

那年四川省成都市饮食公司主张员工自主创业。38 岁的翟大爷决定停薪留职，同几位关系要好的同事出来闯一闯。自己当老板，他们在店中忙得屁股没坐过椅子。

这边，加入猪的前腿肉、鸡肉和猪蹄等食材熬制的汤底，咕噜地冒着小泡，向外吭

/ 抄手里包着一粒粒蟹籽，吃的是美食，感的是烟火 /

哧地吐着白气。先用猛火发起"甜蜜攻势",将汤熬出色质;再转至中火"穷追不舍",保持沸腾;最后用小火"低声絮语",调出香味。汤锅的头顶,水滴源源不断地落下。那边,把猪的前腿肉按肥瘦六四开,剁馅后,加入盐、鸡蛋液等不停地搅拌,使肉吃着有嚼劲。用勺子舀一勺肉馅,裹在掌心方方正正的面皮中央。合上面皮对折成三角形,把两角交叠在一起做成人交叉手的模样。

巧手翻飞,一刻不歇,白案师傅凭着熟练的手艺,码好的一排排抄手如军队立在面板上严阵以待。待八小时后至正午,食材与水真正交融成汤浓色白的汤底。抄手入沸水,四分钟后捞起放碗里,加一大勺浓汤,各式佐料沉入汤底。若再淋上一勺红油,便成了一碗成都名小吃——红油龙抄手。

龙抄手乃成都市饮食公司 23 家中华老字号之一,翟大爷与其他厨师均出自公司成都小吃部,做出的味道自是正宗,来吃的食客亦络绎不绝。每日披星而出,戴月而归。

待翟大爷踏上回家路,在门口碰见仍在成都市饮食公司上班、同样刚下班回家的爱人时,才终于舒缓一口气。他推开家门,家里孩子早已睡熟。可国家政策瞬息万变,再因公司出走人数过多,饮食公司如空巢般无法有效运转。四川饮食产业这股创业浪潮不到一年就宣告结束。翟大爷看着家中嗷嗷待哺的孩子,辛苦照顾家庭的爱人,也就关闭餐馆回到公司,重新做回更安稳的工作。

◎成都小吃记忆

薄皮包馅的小食,南北皆有之。它在北方叫"馄饨",在两广地区叫"云吞",在四川盆地则叫"抄手"。三者外形相似,但云吞皮薄更精致小巧,抄手相较而言,馅大皮厚且个头大。

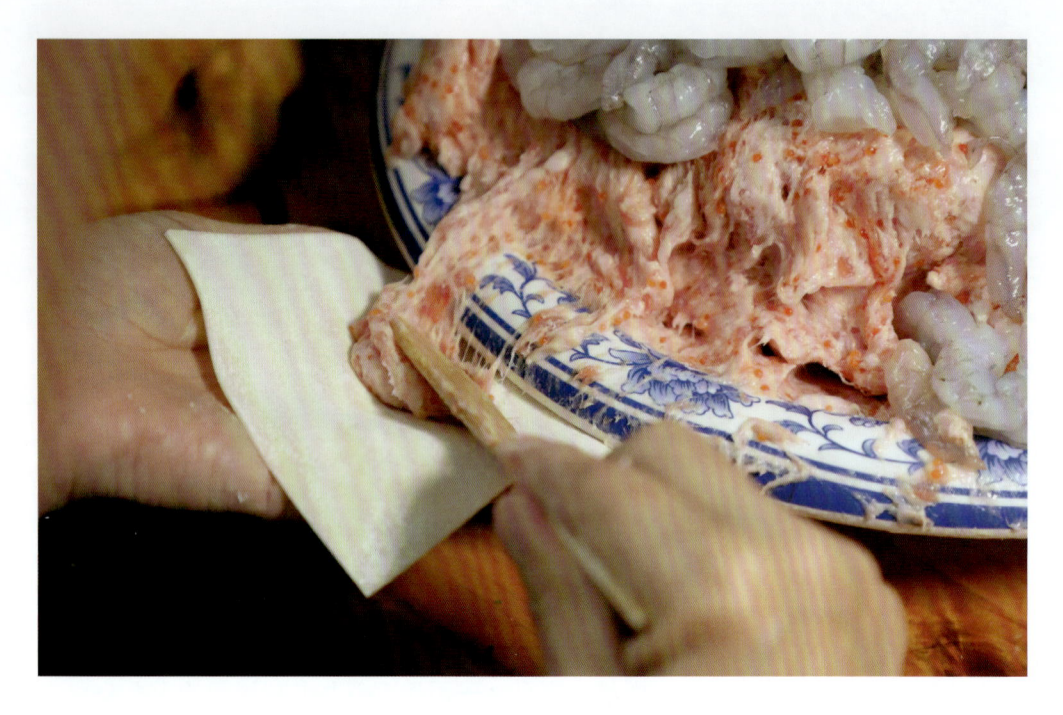

/ 包馅儿 /

四川"龙抄手"创始于 20 世纪 40 年代左右，据传由春熙路"浓花茶园"的几位伙计合资所开，借茶园"浓"字谐音起名作"龙抄手"。1995 年，店铺由原中华人民共和国国内贸易部授予"中华老字号"。餐馆最初开设在成都悦来场，20 世纪 60 年代后迁至春熙路。彼时的春熙路美食小吃云集，翟大爷回忆道："闹热得很，比吃高等宴还金贵，但吃不起。"空有粮票没有票子无法一饱口福。"赖汤圆""钟水饺""夫妻肺片""谭豆花"……现在的成都名小吃，那时就已传遍大街小巷。

俗话说，北方面食、南方米饭。面食小吃在南方地区落地生根，与南宋初年北方人大幅南迁有关。

翟大爷的父母均来自北方，他们在新中国成立前来到四川，结合蜀人口味改良北方面食，在牛市口的东华馆开了家餐馆。成都的餐馆全部在新中国成立后由成都饮食公司收购，成为公司的门市部。翟大爷的父母也因此成为了为国家打工的餐

/ 捏边 /

饮工作者。

好处很显然,在食物匮乏的年代,饮食公司员工的子女可在周末去门市部厨房,偷吃几口因煮爆肉馅、顾客不吃的抄手。翟大爷回忆,平时只能喝粥,周末能吃上几口抄手肉,真是恨不得把汤都喝完。

这便是他童年记忆里,龙抄手的味道。

◎用抄手收获爱情

知青下乡是那代人的普遍经历。1977年,赶着最后一波下乡潮,成都市饮食公司员工的子女前往四川凉山彝族自治州德昌县插队。翟大爷和后来的妻子李大姐也因此结识。

两人都不到 17 岁,正是需要营养的时候。姑娘身形瘦小,在田地间的小路上踱步,不小心身体一歪就掉进了田地里。种地、砍甘蔗,干不完的农活。但翟大爷想着法给姑娘做好吃的,也正是这份勤劳收获了她的芳心。李大姐回忆:"他做面食巴适,好吃。"没有肉时,翟大爷揉面做韭菜馅和白菜馅的饺子;每当生产队上分配猪肉,翟大爷就做肉抄手、肉包子。北方人在乡下生活,一碗面总是少不了的。从小耳濡目染的翟大爷,也随父母生出了一双擅做面食的手。

或许正因为童年时候吃肉机会少,翟大爷日后开店时,包抄手就有个宗旨:一定要馅大,像小包子。两年后,年轻人插队回城。翟大爷随父母进入成都市饮食公司上班,作为学徒进入"赖汤圆",随后调往"龙抄手"。洗碗扫地抹桌子,样样都得做。

待学做抄手时,他跟着师傅一看就会,从小看父母做,翟大爷对其步骤早已烂熟于心。岗位的工作时间是早晚班轮流转,私底下,翟大爷回家也做抄手给家人吃。有一天,为了给自己的孙子做出营养丰富的抄手,他在家里熬制抄手汤底时放进了牛肝菌、竹荪等菌类,做出了更具鲜味的汤。放弃猪肉馅,他改用面皮包裹龙利鱼、芦笋和鸡肉混合的馅料,家人吃后赞不绝口。这也成为了日后翟大爷抄手店的主打抄手。

翟大爷说,新口味要能登上店面,首先得过家人这关。当然他也有过失败的创作。有次做白菜馅的素抄手,家人都说没有肉味,味道不过关,他也就挠头作罢。

◎江湖中人翟老四

一路走过来不容易。翟大爷虽有一手好厨艺,但在时代洪流中,上学较晚的翟大爷

/ 撒面粉 /

未能沉下心来认识太多文字,这成为日后他在饮食公司发展的桎梏。要成为技师,首先得去公司创办的中等专业技工学校读书。成为技师后方可参加国内外的烹饪比赛。不识字的翟大爷难以胜任学业任务。当看着身边的同事考上技师,获得比赛大奖时,翟大爷心里真不是滋味。

但日子还要踏实地过。勤奋、好学的翟大爷,渐渐获得了肯定。他在江湖中为人处世就三个字"讲义气"。20世纪90年代,翟大爷时常被派往中国香港学习。受到当地潮流文化的影响,他常戴上金链子,穿上花T恤,江湖人称"翟老四"。

四十余年倏忽而过,翟大爷转眼到了退休年龄,本可颐养天年、含饴弄孙,但开饭馆的想法从未在他脑内褪色。他想传承正宗的成都老味道,传承父辈的手艺,拥有一家属于自己的成都小吃店。在家人的支持下,翟大爷邀请好友毛笔写就招牌名字"翟大爷抄手",抄出竖行菜单,在门口摆上青石鱼缸。鱼缸里灵动的红色鲤鱼,与浸泡在红油浓汤里鲜嫩皮薄的龙抄手,相映生辉。

/ 干拌鲜虾蟹籽抄手 /

鲜虾蟹籽抄手，是翟大爷跟随女婿去吃日料时迸发的灵感。蟹籽颗颗分明，而在馅料里放上虾肉又有粤式小吃的风味。撒上一层细密的辣椒粉，吃来辣中带甜，回味无穷。这道菜深受年轻人喜爱。

翟大爷抄手店还在每周三请环卫工人免费吃抄手，人情味十足，这是翟大爷的主意。从前，他在饮食公司上班时出门很早，总看见环卫工人已在工作，默默感叹他们的辛苦。那时他也会把顾客没吃完的抄手放在街边，偷偷留给乞丐。周三过来的环卫工人不多，和翟大爷打个招呼，就默契地各忙各事。只是好景不长，退休后不到半年，翟大爷身体就出现了问题，身形逐渐瘦削下去。还好，有女婿袁剑接过翟大爷的衣钵。袁剑本是做建筑设计的，但长期枯坐于电脑前的他愿意传承一门成都传统小吃，与翟大爷的想法不谋而合。袁剑曾去饮食公司"龙抄手"部门实习过半年，抓住其精髓后，便着手打理门店，在后厨实战。翟大爷则在家负责口味创新，不时过来监督后厨。

"不要作假了",是他经常说的话。店里的抄手必须货真价实,用好肉,熬好汤。家中怎么吃,店里就怎么吃。

退休的翟大爷的生活变得悠闲。现在,他偶尔也会起早提着鸟笼遛弯,鸟儿"啁啾"婉转歌唱。天还未亮,就像从前无数个群星照耀过的夜。那里藏有父辈在餐馆辛勤忙碌的背影,和他自己来时的路。

月琴优美，
曲调悠扬

清音传承人　龚素清

"我最喜欢上的课就是邹老师的课,我爱跟着他学唱大调。"四川清音分为大调和小调,相比于小调,大调故事性更强,内容更加丰满。

"那个时候的清音教学可不像现在有谱子,以前都是老师傅口授心传。师傅唱啥子,就跟到学啥子。学腔调,学味道。"龚素清用地道的老成都话说道。六十年时光荏苒,她没想到,曾经的"流行歌曲",如今却变成了小众音乐。

◎ 无心插柳学清音

走上唱四川清音的道路,对于龚素清而言,可以说是无心插柳。龚素清原本的梦想是当一名川剧演员。这个 77 岁的老人,至今说起来都还很遗憾。"要是再给我一次机会,我还是想去川剧团演戏,哪怕多等三个月都没得关系,但那个时候等不起了。"先天的一副好嗓子,再加上母亲是个戏迷,从小就爱唱的龚素清,在没正式学习曲艺之前,就已经会唱不少听来的戏曲。

虽然很爱唱,但是没钱学。龚素清小时候家里穷,原本有七个兄妹,最后养活的只剩她和妹妹。1956 年,刚刚小学毕业的龚素清,放弃了保送到成都十七中读书的机会,跟着母亲"担尿水"为生。每天早晨,天蒙蒙亮,14 岁的龚素清就边唱着小曲

/ 四川清音分大调和小调，集故事和音律于一体 /

儿，边把从水津街担来的尿水往王爷庙的尿水船上送。一次，在担的过程中，她脚下一个踏空，绊了一跤，尿水洒了一身。眼看一个早上的辛苦全白费了，还整了一身尿骚味。龚素清很生气，她急忙回到家，告诉母亲，再也不担尿水了。母亲质问她："不担尿水，你干啥？"她赌气地回答："我自己能找到工作。"

自己能找到工作？自己能找到啥工作，龚素清也不知道。后来，好友告诉她，城里的川剧团、曲艺团正在招生，让她去试试。龚素清一听说这个消息，惊喜万分。她回家告诉父母了之后，第二天就跑去了川剧团考试了。但事不凑巧，考川剧团那天，剧团里练功老师告诉龚素清，团里演员去北京演出了，要学东西，得三个月后再来。龚素清拒绝了，她告诉老师，她一天都不能等了。

随后，龚素清决定到锦江剧场的曲艺团试试看。到的时候已是下午，曲艺团正在茶馆里表演《天仙配》，来看的人挤满了这个不大的茶馆。胆大的龚素清钻到演出后台，找了个老师就问。老师看她声音好，告诉她晚上演清音，先来听听看。那个时候的龚素清，还不知道什么是清音。

那个晚上，月光斜照在舞台上。或许是曲调的婉转，或许是月琴的优美。这种免去了锣鼓唢呐的吹吹打打，只有人声与月琴、琵琶互相配合的表演形式，让龚素清一下就喜欢上了，她当即决定要报考曲艺团。考试的过程很顺利，各方面条件都很不错的龚素清，毫无悬念地进入了成都市第二实验书场学艺。进去后，启蒙老师刘坤一告诉她，在这里要一边跟师傅学一边在台上演，每个月给她3元钱的工资。龚素清很高兴，要知道，在那个工资最高才几十元钱的年代，3元钱已经足够家里一个月的开支了。她清楚地记得，这一年，是1957年。

◎一股子爱学习的劲

学艺生涯过得飞快，从最开始的跑龙套，到慢慢地唱配角、唱大戏。龚素清的勤奋和努力,得到了师傅们的一致认可。一年后,她就被选派到刚成立的成都市戏剧学校系统地学习曲艺,师从李月秋、熊青云、邹发祥等著名曲艺表演艺术家,其中对她影响最大的就是邹发祥老师。

"我最喜欢上的课就是邹老师的课,我爱跟着他学唱大调。"四川清音分为大调和小调,大调有8个,即勾调、马头调、寄生调、荡调、背工调、月调、反西皮调、滩簧调。小调有鲜花调、玉娥调、四季调等。相比于小调,大调故事性更强,内容更加丰满。为了能多学大调,龚素清越发努力。她常常在课前课后追着邹老师求教,邹老师也相当高兴,因为年岁渐大,邹老师更加希望能在有生之年寻得一个好苗子,把自己多年的清音技艺传承下去。

"那个时候的清音教学可不像现在有谱子,以前都是老师傅口授心传。师傅唱啥子,就跟到学啥子。学腔调,学味道。"龚素清用地道的老成都话说道。邹发祥老师是重庆江津人,有口音。邹老师就常告诉她,你不要学我口音,你把腔调和味道记住就对了。

在戏剧学校学习和实验书场完全不一样。实验书场不学乐理不学理论,老师们教曲目,一个曲目学会了就学下一个,往往四五天就能排出一个大戏上台表演。而在戏剧学校,每天的学习更加专业化与系统化。早晚6点到9点练功,中间时间由李月秋、熊青云等曲艺老师上大课。而就是这样紧张的学习时间,龚素清都还觉得学不够。

每天早晨5点,天才麻麻亮,左手拿着琵琶,右手扛着长板凳,身形瘦小的龚素清就到草堂寺的荷花池畔练习琵琶轮指。等她弹了一个多小时,其他同学才陆续来这里练功。这样的练习一直持续到她剧校的学习生涯结束。"我可以自豪地说,就这三年剧校生活,我没有浪费一分。"说这话时,龚素清满脸的骄傲。1960年,正值龚素清毕业那年,素有"成都周旋"之称的李月秋,要从班上挑选一位学生,带出去一起表演清音。一个班四五十人,李老师最终选择了声音清脆,学习刻苦的龚素

/ 清音鼓 /

清。"李老师带我出去表演,喊我给她帮腔,我还是感觉多开心的。"

◎一竿子插到底

"在清音这个行当,我算是一竿子插到了底。"

龚素清依稀还记得,当年被选派到戏剧学校学习曲艺的一共有三人,时至今日,只有龚素清一个人还在不时地唱着。

"虽然年纪大了,唱得少了,但还是要唱,教学生的时候唱,出去演出的时候也还唱。"曾经唱清音使用的乐器和穿过的旗袍,都被龚素清好好地收拾了起来。没有演出,她一般是不会拿出来的。熟悉清音的人都知道,20世纪四五十年代,是四川清音发展的黄金时代。

/ 清音板、清音签 /

1957 年，李月秋受国家委派，与琴师熊青云赴莫斯科参加"第六届世界青年和平友谊联欢节"，演唱清音传统曲目《小放风筝》《忆我郎》和《青冈叶》，荣获金质奖章，这是四川清音第一次走出国门。清音也成为当时的"流行乐曲"，李月秋独创的"哈哈腔"备受欢迎。

而今，提起四川清音，好多年轻小辈都不知道。有一次，龚素清到社区去演出，穿着传统旗袍，手拿月琴，和着琵琶的乐曲，她唱了一曲传统节目《赶花会》，欢快的曲调，优美的唱词，赢得在座听众的阵阵掌声。演出结束后，几个大学生，找到龚素清，询问她这样的好听的表演唱是什么形式，龚素清告诉他们，这个叫四川清音。

还有一次，也是在演出结束后，有个观众就给龚素清说，你们这个形式得改改了，现在都不符合年轻人的口味了，可以加点说唱形式来唱嘛。龚素清说，咱们的四川清音不仅有节奏舒缓的，也有节奏畅快明朗的，如《黄继光》。话毕，立马来了一段，连珠儿似的唱词一个接一个地从口中蹦出来，又有节奏又有动感，真是好听到骨子里去了！

只可惜，这样极具地方特色的小曲儿，爱听的人越来越少了。每年，龚素清只要身体还行，就会到成都的各个小学，各个社区去演出。有时也会带上自己的几个小徒弟，龚素清教徒从来不收学费。在她看来，教孩子学清音，是不希望清音这条脉断了。不论是不是非物质文化遗产的传承人，她认为自己都有责任做这件事。

◎过的是少女般的生活

2013 年，陪伴了龚素清 53 年的老伴，突然就离开了人世。曾经他弹琵琶，她唱清音的美好记忆，都只能留在脑海里慢慢想了。一提起龚素清的先生，这位年过七旬的老人，谈话间处处洋溢着幸福。

龚素清和她的先生蒋守文的相识结缘于清音。1960 年，已从戏剧学校毕业的龚素清被分配到了成都东城区曲艺团（现锦江区曲艺团）唱清音。彼时的蒋守文刚刚从龙泉调过来，也被分配到团里跟着周云老师练习乐器和曲艺创作。一次排练结束后，蒋守文找到唱清音的龚素清，找她要点清音的资料。龚素清很乐意，把自己整理的许多资料，都给了蒋守文。

接触的时间长了，龚素清打心眼里觉得这人不错。两个人渐渐地就确定了恋爱关系。"遇见他之前，好多人给我介绍男朋友，还有些大学生，我都没有心动。遇到他之后，和他谈恋爱五年，纵使我母亲反对，我也要和他在一起。"

那个年代的自由恋爱不容易，但龚素清还是做到了。结婚当天，龚素清和蒋守文"约法三章"：一不离不弃；二互不干涉；三先生只需读书写文，家里一切不用管。

/ 龚素清与清音爱好者 /

"三约定"定终身,一直到2013年,蒋守文去世,龚素清还告诉为她介绍老伴的人:"我们有约的,我们有约的。"

少年夫妻老来伴,先生的辞世,给龚素清一次剧烈的打击。她也因此得了一场大病,在鬼门关走了一遭之后,她不气了,重新燃起对生活的希望。她将先生未发表的书稿整理好,请人出版,也找到先生之前的学生,选出先生的绘画制成画作送给亲戚朋友。先生的遗愿,她都一桩桩,一件件认真地完成。

没有了陪伴,往后一个人的生活,她说她就像回到了少女时代。自由地安排自己一天的时间,白天她学习素描和绘画。不出半年,她就绘出《(成都版)清明上河图》,来采访的记者和研究的学者,踏破了她家的门槛。"我就是想留个老成都的记忆,没想到,大家伙儿这么喜欢。"因画出名,龚素清表现得很意外。"我的好多朋友都说我,唱清音没得好出名,画画倒还画出名了。"

如今，坐在沙发上的这位，有着银白色头发的老人，看上去神清气爽，满面红光。每天她都把自己的日子安排得十分紧凑，学习、绘画、教唱清音，没事儿还八卦一下娱乐圈。龚素清说，她最喜欢的艺人是赵丽颖，喜欢赵丽颖干一行专一行的劲儿，这一点和她特别像，她相信在她有生之年一定会见到赵丽颖的。

植物留下的时光印记

标本手艺人　荒石公园

无里创业园内，繁华都市热闹巷尾边，有一处不似人间烟火气的『荒石公园』。小店招牌低调地挂在玻璃门右侧，植物标本风格的招牌上是落叶、树皮、昆虫、花朵各类自然元素的集合。门口一棵枯死的枣树上挂着木板拼接的三角形饰物，九月微风一吹，树就像活了一样。店中墙面白色为底，挂于其上的植物标本便扑入每个进店人的眼中。正如法国昆虫学家法布尔的『荒石园』一样，熊坤与张哲剑的『荒石公园』也是他们心中的乌托邦。

◎公园非"荒石"

听到荒石公园，普通人的第一反应可能就是乱石堆砌的公园。其实，这里是一家以植物标本为主的自然主题商店。1879年，法国昆虫学家法布尔买下一块荒地，以花草引昆虫，撰写出举世闻名的著作《昆虫记》。19世纪的"荒石园"越过百年时光，在熊坤与张哲剑（后称小熊和小哲）心上留下了浓墨重彩的一笔，他们的荒石公园也由此而来。

浅浅的茶香弥漫在进门处的饮品区里，人到了这里便会自然而然地降下声调，仿佛害怕打扰了活在这里的每一个生灵。白墙上挂满了开店近十年来两人收集制作的动植物标本。无论是翩翩起舞的蝴蝶，还是遗世独立的花朵，他们在万物生命行将凋

/ 越过百年时光，以植物标本讲述历史 /

落之际，将鸢飞鱼跃、皱褶纹理和姹紫嫣红尽收框底，以另一种方式延续动植物的生命。星空装置的宇宙星河像漫天流萤，由一颗颗玛瑙、白水晶、砗磲矿石穿挂而成，悬挂在梁顶一片小天地间。这样的装置，需要颗颗矿石穿挂而成，前后要耗费了两人近一月时间。

他们把设计系学生对美的追求发挥到了极致，脚下的水泥地上，黄铜勾勒的片片梧桐叶、银杏叶散发出古朴沉静的韵味，踏上去似步入秋日森林，晨曦微光从头顶的树叶缝隙落在脚边。

饮品区外，荒石公园还有植物标本制作室。偌大的空间内，还放着刚刚压制出的褪色植物。小哲每天大半的时间，都在这里与植物为伴，干燥、压制、勾勒、设计。不急不缓，遵循严苛工序的同时，等待灵感乍现，一幅幅标本作品在他的手上完美灵动地呈现。

小院落里几乎就是绿植的领地。掀开"日出而作，日落而息"的帆布门帘，别有洞天的美便即刻呈现在眼前。木架上琳琅满目的多肉、仙人掌带来翠绿生机，这一方天地就像潜藏在城市里的世外桃源，道一句今夕何夕。

常人看花是花，看海是海。在小哲与小熊眼中，一片枯萎的落叶，也有美的价值。2014年，两人一起去石象湖公园采集植物。树林里几片叶肉腐蚀的枯叶，是普通人眼中毫不起眼的存在。但他们却看到了叶脉根根分明下的美，正如蜻蜓翅膀在逆光下纤纹毕现。云海翻涌，花开花落，江潮澎湃，花不只是花，海不单是海，从他们的眼中看世界，自然万物均是美的存在。

◎摆脱束缚　自由创作

荒石公园始于2010年1月。在那之前的冬天，展示设计专业出身的小熊和小哲，都

/ 做标本 /

进了公司做设计工作。他们做会展设计与广告设计，都被甲方"色彩斑斓的黑"弄得哭笑不得。两人分别来自重庆与四川西昌，从高中时期便是好友的他们，对设计有着同样的追求——不被束缚的自然创作。于是辞职，成了他俩不约而同地决定。辞职后的第一站，小熊和小哲去了格子铺做店员。他们本着单纯的初衷，去感受原创小物件中的设计美感，却在意料之外看到了更新奇的世界：原来蕴含艺术美感的物品，有变成商品的可能性。

开店。荒石公园首先在小通巷安家。店面不大，仅仅十几平方米。店里售卖的是一些文创小物，如他们手工制作的明信片、笔记本等。店铺一月租金 2000 元，他们每月的盈利与房租相抵后，所剩无几。"但是很快乐，这是挣脱束缚后最简单本真的快乐。"小熊卷起黛色棉麻衫的袖子，轻轻浅浅的语气里，带着追忆往昔的感叹。其实那时，小熊小哲并不清楚他们心中荒石公园的理想模样。在小通巷那一年的懵懂期里，他们只是浅尝无拘无束的快乐，与来店客人亲切交流每个小物件制作时的故事。

2012 年，拆迁通知到来，急需改变的现状摆在他们面前。同年，他们将荒石公园搬到了红墙巷，在 80 平方米的新店上开拓了属于荒石公园的新领地——咖啡馆。幽蓝深邃的天空与浅黄温暖的月色，一份月亮蛋糕就是一幅充满艺术美的画。

小哲把对设计美的极致追求投射到食物上，使咖啡馆一度成了位列成都咖啡馆排行榜第一的存在。荒石公园不知不觉就成了网红店。每日门庭若市，客人络绎不绝，盈利也颇多。但天天忙到凌晨两三点的两人却开始思考，到底怎样的生活才是他们想要的？仿佛挣脱束缚后，又来到了另一个束缚中。金钱在增加，空虚也在增加，小熊和小哲试图在 80 平方米的空间中找寻自己的方向。

2015 年，火爆一时的网红店，生命戛然而止。他们说，主动结束，是为了更好地开始。"任性"地过顺遂内心的生活，才不负生命的美好。如果将荒石公园的每一次搬迁都定义为一次跨越与改变，那么这一次搬迁，终于让小熊小哲慢慢看清了未来

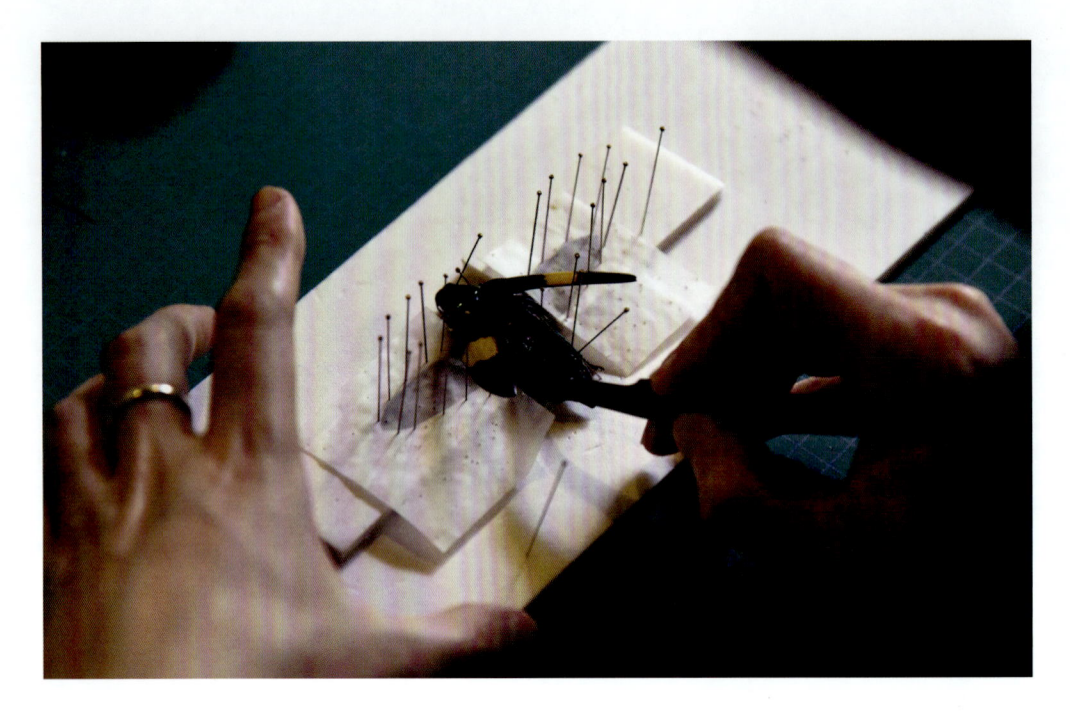

/ 昆虫标本展翅 /

的方向。

◎ 栖息在"伊甸园"

2016 年，荒石公园来到花牌坊。

280 平方米的空间，是他们用半年时间打造成的另一片世外桃源。这一次，小熊小哲要为荒石公园开启新的征程——不是咖啡馆，而是自然主题商店。所有与自然相关的事物，都是荒石公园需要的元素。以自然为基础，设计让自己感动的作品，也是小哲的艺术追求。在此种艺术理念下，他们以植物作素材，植物标本就成了荒石公园的最美风景。

在这里，植物几乎无处不在。一花一世界，一叶一菩提，世间万物，一切都是他们

/ 丝网版画套印 /

制作植物标本的素材。有时他们会特地驱车去山里采集植物。但更多时候,他们就近取材。"生活中不是缺少美,而是缺少发现美的眼睛。"小熊说,善于观察,其实哪里都是"美"的事物。偶然路过捡起的一片梧桐叶、门外石缝间的青苔、小院盆栽落下的多肉等,每人眼中寻常的花草树木,都可尘封住它独特的美。荒石公园门外的梧桐叶掉落在地上,小哲捡了起来,小心翼翼地搁置在标本制作室内。一片落叶成本微乎其微,外行却不知做一副标本,制作者耗费的心力何其之大。

这不是件简单工作。小哲数天时间都钻在工作室里,守着一片落叶,脱水、清理、干燥,顺遂纹理,琢磨如何极致地呈现一片枯叶之美——既保存其真实模样,又赋予其艺术美感。白墙上的标本被往来客人一一买走,在墙上留下深深浅浅的钉孔。

标本价格在两百到六百不等,每件都是独一无二的绝版。小哲将标本艺术当作绘画,试图从更多角度诠释自然之美。平面标本演化为立体作品,后来他又逐渐将绘画元素融入其中，更新奇和有创意的作品挂满了荒石公园的整面白墙。

除了植物，更多美的元素都在这里碰撞。蓝砂石、白珊瑚、黑曜石，各类原创手链在玻璃柜中熠熠生辉。原创拼配花茶，每一种配料都在诉说一味植物的故事。手绘棉麻抱枕、手工笔记本、帆布背包……每一件融入自然元素的原创小物都出自他们灵巧的双手。

现在的荒石公园，就像法布尔描述的"荒石园"，成了大自然的博物馆。荒石公园的八年，也是属于小熊小哲的八年。小熊说，他们从来不是成功的商人。

他们只是在生命长河中不断摸索，找出自己想要的生活状态而已。虽然现在的荒石公园只能达到收支持平，但他们在这 280 平方米的天地间，将对生活"美"的追求传递给了每一位客人。他们希望可以在现代城市中，独守一片远离喧嚣的"伊甸园"。

后记

成都的一扇窗口

这本小小的图书作品是"蓉漂"团队、"考拉看看"团队和"书服家"团队合作的成果之一。

她凝聚着我们的心血和梦想。

我们希望她能够：展现成都手艺人的丰厚沉淀和日新月异的面貌与作品；反映成都手艺人持续精进和不懈追求的成长之路；记录前仆后继的手艺人对手艺事业的热爱和思考。

我们身处一个全新的时代，日益高效率的新技术迅速、全面而深刻地改变着我们的生活方式和审美情趣。面对纷繁复杂的世界和各种全新的挑战，手艺正在从中走出来，给予我们新的力量与希望。

在丰富而又多元的生活方式中，我们坚信手艺所展现的匠人精神和专一力量，是我们重新认识这个世界和与这个世界更好相处的一个介质。今天每个人都在极力追寻内心的美好，资深的手艺人，也包括热爱手艺的人们，正热情投身手艺的事业。有人相信，"薄技在身，胜握千金"，有人坚持，为一技，付一生。无论是什么，都是我们所寻找的美好。

这是一个极快的时代，也是一个简单的时代，梦想依然在，正念亘古不变，手艺可能是慢的美好，更细致的欣喜，极致的愉悦，记录这个时代，也是一门手艺。

心有菩提，繁华自在。

《我在成都做手艺》是一个全新的园子，手艺人、写作人、出版人、赞助人……一群热爱记录的人在一起，她从一开始就受到很多人的关怀，也受到很多支持。

数百年之前，培根在《伟大的复兴》一书的序言中，他曾如此谈到书中描述的对象："希望人们不要把它看作一种意见，而要看作是一项事业，并相信我们在这里所做的不是为某一宗派或理论奠定基础，而是为人类的福祉和尊严……"

我们怀着真挚的感情，把这本书献给读者，希望广大读者关心她、批评她、帮助她。

让她成为我们共同的事业。

《我在成都做手艺》作品集群策划中心

"蓉漂"团队、"考拉看看"团队和"书服家"团队

二〇二〇年九月

附录 成都手艺人名录

这是蓉漂用四年的时间，对这座城市成长的见证。见证着它日新月异，见证着它走向新一线，也见证它的传统怀旧，不忘根本。在生活和工作中，我们每一个人都曾有过倔强和执着。也曾在岁月的热闹和寂寞中，枯坐独立，精工细琢。

手艺人，是一人；也是一群人；是千千万万个人；是那一颗坚守的心；是我们每一个人。

《我在成都做手艺》，一本答案书，一本匠人之书；献给手艺人，献给成都，献给我们每一个人！

李小毛

138 8085 7717

成都市青羊区青羊大道 101 号 6 幢 24 号

道安

135 4104 8191

文殊院街 17 号

王俊林

136 4801 5177

四川省成都市高新区肖家河正街 45 号

陈启林

133 3099 7769

成都市金牛区金荣巷 7 号 5 栋 2 单元

罗三裁

028-8445 9967

锦江区一环路东五段阳光新业 2 号楼 4214

荒石公园

158 8106 7823

成都市金牛区花牌坊街 40 号无里创意工厂一楼 A103

赵崇延

152 2899 8389

人民中路物资大厦二楼

青黛蓝染

183 2835 7145

成都市浦江县甘溪镇明月村青黛设计工作室

胡光俊

138 8188 3691

成都市双流区九江镇双九路二段 86 号

火痕工坊

131 9499 1333

四川省成都市蒲江县明月村火痕柴窑工坊

Matt

138 8000 7506

考拉看看

028-8452 5271

成都市成华区二环路东一段 29 号电焊机大厦考拉看看

素池茶室

159 8225 7570

成都市天府二街中央鹭洲商业街 3-18

欧阳杰

028-8531 8128

成都市高新区盛安街 401 号 B 座 1720 室

陶蓉

153 0800 6976

锦里古街民俗摊位蛋壳画 012 号

龚素清

151 0832 3715

锦江区大观里 7 号 2-3-4 号

翟大爷

186 0285 3531

树蓓巷 1 号 22 幢

谭代明

136 1807 9043

青羊区送仙桥古玩市场 C 区二楼 259 号

龙玲

158 8226 6518

锦里古街民俗摊 005 号

陈志贵

139 0819 7468

成都市温江区踏水镇金星村